Igreja na cidade

Evaldo César de Souza

Igreja na cidade

Desafios e alcances de uma evangelização pela televisão

Paulinas

Dados Internacionais de Catalogação na Publicação (CIP)
(Câmara Brasileira do Livro, SP, Brasil)

Souza, Evaldo César de
 Igreja na cidade : desafios e alcances de uma evangelização pela televisão / Evaldo César de Souza. – 1. ed. – São Paulo : Paulinas, 2013. – (Coleção comunicação e cultura)

 Bibliografia.
 ISBN 978-85-356-3483-9

 1. Cidades 2. Comunicação social 3. Evangelização 4. Igreja e comunicação de massa 5. Meios de comunicação 6. Mídia 7. Missão da Igreja 8. Televisão - Programas 9. Urbanização I. Título. II. Série.

13-03234 CDD-253.78

Índice para catálogo sistemático:
1. Uso da televisão como meio de evangelização nas grandes cidades : Pastoral da comunicação : Cristianismo 253.78

1ª edição – 2013
1ª reimpressão – 2013

Direção-geral: *Bernadete Boff*
Editora responsável: *Luzia M. de Oliveira Sena*
Copidesque: *Cirano Dias Pelin*
Coordenação de revisão: *Marina Mendonça*
Revisão: *Sandra Sinzato*
Gerente de produção: *Felício Calegaro Neto*
Assistente de arte: *Ana Karina Rodrigues Caetano*
Projeto gráfico de capa e miolo: *Telma Custódio*

Nenhuma parte desta obra poderá ser reproduzida ou transmitida por qualquer forma e/ou quaisquer meios (eletrônico ou mecânico, incluindo fotocópia e gravação) ou arquivada em qualquer sistema ou banco de dados sem permissão escrita da Editora. Direitos reservados.

Paulinas
Rua Dona Inácia Uchoa, 62
04110-020 – São Paulo – SP (Brasil)
Tel.: (11) 2125-3500
http://www.paulinas.org.br – editora@paulinas.com.br
Telemarketing e SAC: 0800-7010081
© Pia Sociedade Filhas de São Paulo – São Paulo, 2013

Dedico este trabalho aos meus pais, Acir e Maria José,
aos confrades redentoristas da Unidade de São Paulo e
especialmente aos meus companheiros da
Rede Aparecida de Comunicação,
diretores e colaboradores da Rádio Aparecida,
TV Aparecida e Portal A12.com.

"Ai de mim, se eu não anunciar o Evangelho!"
Paulo Apóstolo (1Cor 9,16)

Sumário

Lista de abreviaturas e siglas 11

Apresentação... 13

Introdução 17

1. A cidade e a Igreja Católica 25
    1. O fenômeno da urbanização 26
    2. A metropolização das cidades.. 30
    3. A estrutura paroquial da Igreja Católica............................... 38

2. Evangelizar as cidades 57
    1. Igreja e evangelização.. 58
    2. Evangelização e novas mídias.. 68
    3. Evangelho e mercado: marketing religioso?........................... 72

3. Igreja, televisão e evangelização.. 77
    1. Igreja e comunicação de massa... 78
    2. Igreja e mundo televisivo.. 84
    3. Televisão como extensão da paróquia na cidade................... 92

Conclusão 111

Bibliografia... 113

Lista de abreviaturas e siglas

AG	Encíclica *Ad Gentes*
CDC	*Código de Direito Canônico*
CEBs	Comunidades Eclesiais de Base
CELAM	Conferência Episcopal Latino-Americana
CNBB	Conferência Nacional dos Bispos do Brasil
DD	Carta Apostólica *Dies Domini*
DGAE	Diretrizes Gerais da Ação Evangelizadora do Brasil
EN	Encíclica *Evangelii Nuntiandi*
IM	Documento Conciliar *Inter Mirifica*
REB	*Revista Eclesiástica Brasileira*
RMi	Carta Encíclica *Redemptoris Missio*

Apresentação

Não é fácil apresentar um livro, ainda mais quando se trata da primeira publicação de um jovem autor. Um jovem padre a quem a vida me permitiu conhecer como confrade e que, desde sua nascente experiência ministerial, tem se envolvido com o maravilhoso e desafiador mundo da comunicação social na Igreja Católica. A tarefa torna-se ainda mais pesada dada a complexidade do tema proposto para a reflexão nas próximas páginas – *Igreja Católica, ambiente urbano e comunicação*. Cada um desses conceitos caberia numa extensa obra, mas aqui, fruto de um trabalho de pós-graduação, o autor conseguiu sintetizar as grandes linhas históricas que permeiam o relacionamento da Igreja Católica com as cidades e, nelas, com os meios de comunicação.

Na aurora do terceiro milênio, esta obra – *Igreja na cidade: desafios e alcances e de uma evangelização pela televisão* – nos mostra que a Igreja está preocupada com a humanidade pós-moderna. Nessa nova etapa da história, quando o homem constrói um humanismo a seu modo, até mesmo não cristão, onde Deus se torna uma hipótese cada vez menos necessária, a Igreja assume o desafio de interagir com o "mundo", dialogando nos novos areópagos do ambiente midiático. Diz-nos, com propriedade, que a comunicação ocupa atualmente lugar privilegiado na pauta da Igreja – não por medo de perder fiéis ou por querer se impor como única mentora dos códigos morais contemporâneos – simplesmente para cumprir a sua missão precípua: evangelizar! Isto é, anunciar a boa-nova do Evangelho ao homem e à mulher de todos os tempos, em especial nas cidades onde as pessoas se encontram maiormente concentradas. Continuadora de Jesus Cristo – o perfeito comunicador do Pai! – a Igreja quer responder ao instigante apelo que lhe deu origem: "Ai de mim se não evangelizar!".

Acontece que as estruturas evangelizadoras da Igreja – especialmente as paróquias – carregam um traço medieval. São estruturas centralizadas e centralizadoras num mundo que exige velocidade, agilidade e ruptura com padrões territoriais. O mundo moderno, com suas facilidades tecnológicas, há muito tempo desconhece o significado de limite territorial. Como o autor reflete com clareza, o tempo e o espaço no mundo urbanizado são completamente diferentes do sentido que estes conceitos tinham quando do fortalecimento da hegemonia católica durante a Idade Média.

E é nesse mundo de contrastes, entre a rigidez estrutural da Igreja e a maleabilidade fluida da comunicação, que o autor analisa a presença da televisão de orientação católica como instrumento facilitador da evangelização das cidades. Aspectos positivos e desafios da compreensão e uso desse instrumental fazem parte da reflexão central da obra. O Papa Bento XVI, refletindo sobre a comunicação social na Igreja e o uso dos meios midiáticos e digitais, afirma que eles "são o ponto de partida da comunicação para muitas pessoas, que procuram conselhos, sugestões, informações, respostas" (*Mensagem para o 46º Dia Mundial das Comunicações Sociais*/2012). Como ser Igreja evangelizadora sem estar necessariamente presente nos lugares onde as pessoas buscam respostas? Há como evangelizar sem buscar o destinatário? O autor ousa afirmar que as comunidades eclesiais e a Igreja, como um todo, correm sério risco de enclausurar-se em si mesmas caso fiquem esperando passivamente que as pessoas venham para as igrejas.

Assim, mais do que nos dar respostas o autor provoca reflexões. Mexe com estruturas arcaicas, propõe possíveis alternativas, mas, acima de tudo, nos tira de uma zona de conforto eclesial e nos obriga a pensar. Conciliando sua prática pastoral com suas pesquisas acadêmicas, o livro nos desassossega. Lideranças, leigas e religiosas, coordenadores de pastoral da comunicação, profissionais da mídia que tenham amor pela Igreja serão certamente beneficiados pela leitura do livro. Além de muitas informações históricas, seja sobre a gênese das paróquias, seja sobre a história da Igreja e a comunicação social, o autor também reflete sobre o conceito de evangelização e faz uma análise das principais emissoras católicas de TV no Brasil. Tudo isso numa linguagem agradável e de fácil leitura. Permita-se um exercício de reflexão sobre Igreja, pastoral e comunicação. Haverá concordâncias com o autor, mas frutos melhores virão pelas questões nas quais houver discordâncias. Na dialética da vida, todos sairão ganhando!

Dom Darci José Nicioli

Introdução

Ao que parece, nunca se falou tanto em comunicação como na aurora deste século XXI, quer seja pelas novidades tecnológicas que facilitam a vida das pessoas, quer seja pelo volume de informação disponível ao consumo humano. Fala-se de tudo a todo tempo, ainda que nem sempre a comunicação esteja de fato modificando a vida das pessoas para melhor. Há, mesmo, teóricos, como Ciro Marcondes Filho, que falam em *incomunicação* no mundo cercado por instrumentos de comunicação de massa.[1]

O universo da experiência religiosa humana, com destaque aqui ao modo de compreensão do sagrado organizado pela instituição chamada Igreja Católica Apostólica Romana – a partir de agora nominada somente de Igreja Católica –, não fica alheio a esses apelos comunicacionais e cada vez mais traz para o centro de suas reflexões teológicas e pastorais o papel das mídias de massa como promotoras do processo de evangelização das sociedades.

O presente trabalho pretende lançar luzes justamente sobre a presença da Igreja Católica nos meios de comunicação de massa – especialmente na televisão – como espaço de evangelização das grandes cidades, tendo como referência a estrutura paroquial tradicional. O foco na vida urbana se justifica pelo fato de a cultura da humanidade e os movimentos comunicacionais nascerem hoje do ambiente chamado urbano. Temos de considerar que o que temos hoje é uma "sociedade urbana" e não somente um aglomerado humano vivendo em ambientes urbanos.

---

[1] Cf. MARCONDES FILHO, Ciro. *Para entender a comunicação;* contatos antecipados com a nova teoria.

A sociedade urbana, desafio para a Igreja (e para todas as instituições historicamente sedimentadas), é definida por Manuel Castells como "um sistema de valores, normas e relações sociais possuindo uma especificidade histórica e uma lógica própria de organização e transformação",[2] ou seja, trata-se de uma configuração maior do que somente espacial, a cidade é hoje o vetor da chamada "cultura urbana", cujo alcance extrapola espaços urbanos (conglomerados de cidades) e, pela influência dos meios de comunicação, alcança até mesmo os resquícios espaciais das sociedades tradicionais (rurais). Há ao nosso redor um jeito "urbano" de compreender o homem e o mundo, ou seja, um esfacelamento dos referenciais tradicionais, base de toda a estrutura eclesial católica.

> [...] universo urbano e cidades não são sinônimos [...] estamos falando de conceitos culturais. Neste sentido, os limites do mundo urbano não coincidem com os limites da cidade [...] o universo urbano se contrapõe ao universo rural enquanto duas visões de mundo distintas, mas ao mesmo tempo suas fronteiras não são nítidas e precisas, como ocorre, geograficamente, entre campo e cidade.[3]

Por isso mesmo teremos de descrever o que a Igreja define como evangelização – entendida primordialmente, mas não exclusivamente, como processo de expansão e fidelização dos valores fundamentais do Cristianismo no mundo urbano – e discutir a existência ou não de um projeto de expansão e segmentação eclesial nos meios de comunicação – mormente a televisão, unindo-os –, evangelização e comunicação televisiva – na perspectiva pragmática e essencial de levar aos lares dos grandes centros urbanos a mensagem do Evangelho na aurora do século XXI.

Evangelizar, segundo a encíclica *Evangelii Nuntiandi (EN)*, é "a graça e a vocação própria da Igreja, a sua mais profunda

---

[2] CASTELLS, Manuel. *A questão urbana*, p. 126.
[3] GONÇALVES, Alfredo. Migração e fé nas cidades brasileiras: desafios pastorais, p. 29.

identidade" (n. 14). Em poucas palavras, evangelizar é proclamar que "Jesus de Nazaré, um homem que morreu na cruz aos olhos de todos, fora dos muros de Jerusalém, ressuscitou!".[4] Obviamente, essa descrição sintética da evangelização retrata somente o alicerce e o conteúdo fundamental da fé, sendo que o processo e os meios utilizados para tal fim foram sendo adquiridos e adaptados ao longo dos séculos. Hoje, a Igreja não pode prescindir dos meios de comunicação para pregar a Boa-Nova do Cristo.

E, quando o assunto é a comunicação social, deve-se considerar que a Igreja passou por várias etapas distintas, indo da extrema desconfiança em relação aos novos meios, passando pela aproximação desconfiada e utilitarista das conquistas midiáticas e chegando hoje a um desejo de manter-se informada e presente em todos os modernos meios de comunicação, já vistos como imprescindíveis para a propagação da fé. Os três grandes momentos da Igreja com respeito à comunicação podem ser resumidos a: 1) pontificado de Pio XII, com a encíclica *Miranda Prorsus*; 2) *aggionarmento* do Concílio Vaticano II, com o Papa João XXIII e a encíclica *Inter Mirifica*; e 3) a chamada Nova Evangelização, com o Papa João Paulo II e sua encíclica *Evangelii Nuntiandi*.

O documento *Inter Mirifica*, do Concílio Vaticano II, que trata da comunicação social, assim declarou solenemente, ainda que sua aprovação tenha sido a mais difícil entre os documentos conciliares:

> Entre as maravilhosas invenções da técnica que, principalmente nos nossos dias, o engenho humano extraiu, com a ajuda de Deus, das coisas criadas, a santa Igreja acolhe e fomenta aquelas que dizem respeito, antes de mais, ao espírito humano e abriram novos caminhos para comunicar facilmente notícias, ideias e ordens. [...][5]

---

[4] KRIEGER, Murilo. *Anunciai a Boa-Nova;* os meios de comunicação a serviço da Igreja, p. 21.
[5] *Inter Mirifica*, n. 1.

Também o pontificado de João Paulo II deixou abertas as portas do uso correto e ético dos meios de comunicação para a evangelização do homem e da mulher modernos. Foi ele que recuperou a expressão do apóstolo Paulo e falou dos meios de comunicação como o "areópago" dos tempos modernos. Expressando-se sobre a missão da Igreja, assim declara:

> O primeiro areópago dos tempos modernos é o *mundo das comunicações*, que está unificando a humanidade, transformando-a – como se costuma dizer – na "aldeia global". Os meios de comunicação social alcançaram tamanha importância que são para muitos o principal instrumento de informação e formação, de guia e inspiração dos comportamentos individuais, familiares e sociais.[6]

Vê-se que a ideia de discutir o uso da televisão como meio de evangelização nas grandes cidades não é nova, ainda que existam poucas obras dedicadas inteiramente a este aspecto. Para a Igreja, conforme a já citada encíclica *Evangelii Nuntiandi*, o uso dos meios de comunicação para proclamar o Evangelho é hoje imperativo. A vanguarda cristã, no que se refere à comunicação, pode ser atestada com um simples olhar na história da Igreja, conforme iremos mostrar neste trabalho.

O que se projeta nestes tempos, entretanto, é o crescimento exponencial do mundo da comunicação com seu aparelhamento tecnológico cada vez mais complexo, e a necessidade da Igreja em adentrar este mundo sem preconceitos, com competência profissional e clareza, sem abandonar, todavia, os valores que são o alicerce da fé cristã e que precisam ser levados ao alcance de uma audiência que não mais encontra tempo para a vivência "ubicada" – territorial e geográfica de suas experiências de fé. Nas palavras do atual pontífice, Bento XVI, os meios de comunicação

> [...] podem favorecer o conhecimento recíproco e o diálogo, mas podem também, ao contrário, alimentar os preconceitos e o desprezo

---

[6] PAPA JOÃO PAULO II. Encíclica *Redemptoris Missio*, n. 37.

entre os indivíduos e os povos; podem contribuir para difundir a paz ou para fomentar a violência. Eis por que é sempre necessário apelar à responsabilidade pessoal; é preciso que todos façam a sua parte para garantir em todas as formas de comunicação objetividade, respeito à dignidade humana e atenção ao bem comum.[7]

Outro recorte desta pesquisa é a realidade urbana, desafio pastoral da Igreja em tempos de Modernidade. A Igreja Católica ainda tenta, com dificuldades, dialogar com o mundo da urbe imensa e tem nas grandes cidades o seu maior desafio para evangelização. Aqui, desde já, fica claro o papel da televisão como colaboradora do processo de manutenção do imaginário da fé, uma vez que nas grandes cidades o veículo de comunicação por excelência ainda é o aparelho de televisão. Além disso, voltar para as cidades o olhar da evangelização é recuperar o momento histórico inicial do Cristianismo, que, de acordo com os testemunhos apostólicos, foi semente de vida a partir dos grandes centros da Antiguidade, especialmente o mundo grego e romano. Na famosa *Carta a Diogneto*, de autor desconhecido, lemos que "os cristãos não habitam cidade a parte, não empregam idioma diverso dos outros [...] como cidadãos, de tudo participam, porém tudo suportam como estrangeiros. Toda terra estranha é pátria para eles e toda pátria, terra estranha".[8]

Para a pesquisadora da religião Brenda Carranza, o Catolicismo, ou pelo menos um segmento da Igreja, encontrou nos meios de comunicação de massa o caminho para minimizar a *des*-institucionalização religiosa que progressivamente ameaça as bases da Igreja Católica em solo brasileiro, ou seja, mais do que promover a evangelização, os meios seriam promotores da institucionalização.[9]

Traços da cultura Pós-Moderna invadem as Igrejas na mídia, como valorização do corpo, individualismo religioso, falta de senso

---

[7] *L'Osservatore Romano*, 8 abr. 2005.
[8] Cf. *Carta a Diogneto*.
[9] Cf. CARRANZA, Brenda. *Catolicismo midiático*.

crítico ou ligação responsável com o entorno sociopolítico. De outro lado, o Catolicismo na mídia, segundo a mesma autora, retoma o subjetivismo da fé, o compromisso unilateral com o Sagrado e a falta de senso de compromisso comunitário "ubicado". Um paradoxo do qual a Igreja não pode mais esquivar-se sem que isso signifique danos substanciais a sua própria manutenção no futuro.

A Igreja, que quer utilizar a televisão como prolongamento do altar, é chamada a entender de televisão e a abandonar estereótipos e simplificações sobre essa realidade. O primeiro desafio é se produzir com qualidade que gere audiência.

> Para uso adequado desses meios, há necessidade de profissionalismo, de sua integração nos planos pastorais e de atenção ao rápido progresso que acontece nesse campo. Se é importante a comunicação interativa (internet), não menos importantes são, no trabalho evangelizador, os tradicionais meios de comunicação [...] e cabe à Igreja garantir a formação e dar atenção pastoral aos profissionais da comunicação.[10]

Diante desse quadro sociológico e pastoral, surge, então, uma pergunta: a Igreja Católica será capaz de bem usar os recursos midiáticos atuais, especialmente a televisão, pela sua força massiva, para anunciar com sucesso nas grandes cidades (e nas pequenas, com mentalidade urbana) a mensagem fundamental – o Reino de Deus e a Redenção em Cristo –, elaborando com linguagem compreensível ao novo público o que tradicionalmente ela carrega como o depósito da fé?

Como ponto de discussão, podemos intuir o perigo que corre a Igreja ao falar pelas mídias – esvaziar-se de sua mais profunda natureza, que é a da comunidade paroquial reunida ao redor do Cristo para a celebração da vida. O nosso trabalho parte do princípio de que evangelizar pela mídia é terreno pantanoso. De um lado, não há como fugir desses meios, com o risco de deixar sem assistência religiosa um contingente imenso de fiéis. Por

---

[10] KRIEGER, *Anunciai a Boa-Nova;...*, p. 36.

outro, como utilizá-los, o que dizer pelos meios de comunicação e como atrair para as comunidades concretas estas pessoas que "assistem" religião é o grande desafio da Igreja. O risco da acomodação em casa e do afastamento comunitário paroquial é muito grande. Aqui temos o grande paradoxo da comunicação moderna: a relação entre o real e o virtual.

> Quando a Igreja se propõe a compreender a sociedade midiatizada contemporânea, não basta olhar apenas para os artefatos midiáticos, dominar linguagens para enquadrar seus conteúdos, nem elencar as características de uma cultura midiática: é preciso dar conta da comunicação como atividade organizante que entrelaça essas instâncias; dar a ver as relações intersubjetivas, seus conflitos e atualizações de sentidos socialmente partilhados e dialógica em sua (con)vivência.[11]

Para organizar nosso pensamento e reflexão, nosso trabalho foi dividido em três partes distintas, mas complementares: no capítulo um falamos do mundo das cidades, da nova cultura urbana e da estrutura paroquial católica inserida no ambiente urbano. No capítulo dois, mais breve, fazemos a conceituação do termo evangelizar, mostrando seu aspecto multifacetado e ao mesmo tempo fazendo uma opção por um jeito de compreender o processo de evangelização na Igreja Católica. Finalmente, no capítulo três, discorremos sobre o relacionamento da Igreja com os meios de comunicação social, mostramos a força da Igreja na mídia televisiva e tentamos concluir alguns modos de como mídias e paróquias podem conviver e ter ações complementares no processo de manter viva a tradição religiosa católica.

Resumindo: este trabalho mostra que o processo de midiatização da fé não pode, com o risco de corroer a natureza da Igreja, desviar o fiel do relacionamento comunitário; também não pode ser somente um chamariz para a Igreja, mas ser ela mesma, a mídia católica, um veículo de propagação das verdades do Evangelho e dos valores humanos fundamentais. Um desafio titânico.

---

[11] CRISTINA, Cirlene; PRADO, Denise. Midiatização: processo cultural contemporâneo. In: ALMEIDA, João Carlos (org.). *Imagem e semelhança de Deus na mídia*, p. 62.

CAPÍTULO 1
A cidade e a Igreja Católica

Há uma visível explosão urbana na humanidade. Os fluxos migratórios de meados do século XIX, historicamente relevantes para o crescimento das cidades, alcançam hoje potencial preocupante. A população mundial já é urbana. Já somos sete bilhões de habitantes e a grande maioria de nós mora em regiões urbanizadas. E para manter-se e perpetuar-se como instituição de relevância histórica e moral para grande parcela dessa população, a Igreja Católica hoje se defronta com o desafio de falar sobre seus conceitos e verdades para pessoas e grupos enraizados numa cultura urbana, cujos parâmetros cada vez mais se distanciam dos tradicionais referenciais rurais que foram sustento da Igreja durante séculos.

A Igreja vive, assim, seu dilema fundamental neste início de século XXI: como manter seus referenciais de valores numa sociedade cada vez mais utilitarista, individualista e hedonista? Como falar de religião para o mundo cada vez mais secularizado das cidades? A Igreja acredita, como outras instituições, na força da comunicação midiática para manter-se em diálogo com seus fiéis. Por outro lado, ela ainda não domina os meios, ou pior, parece desconhecer que as cidades e o mundo urbano já estão imersos num ambiente midiático e somente fazer uso prático dos meios pode não ser resposta aos seus anseios pastorais urbanos.

Mas, antes de mergulhar mais profundamente no modo como a Igreja usa a mídia e em suas convicções ético-morais, lancemos bases para nossa reflexão, começando com a conceituação da urbanização e da cultura urbana e olhando a tradicional estrutura eclesial, a paróquia territorializada, base física e ideológica da Igreja Católica.

1. O fenômeno da urbanização

O fenômeno que aqui chamamos de urbanização é um movimento social e cultural que nos remete ao século XIX, com o inchaço das cidades advindo pela chamada Revolução Industrial. E quando falamos do conceito de urbanização já é bom distingui-lo, logo no início, do conceito de cidade, cujo sentido, ainda que corrobore com a compreensão do primeiro, é bem menos abrangente.[1] Podemos dizer que as cidades são ambientes urbanizados, mas que a urbanização é hoje um conceito que está presente até mesmo em ambientes considerados rurais.

A urbanização desconstrói mentalidades e estruturas, redefine referenciais e gera na humanidade novas formas de percepção do mundo e das relações humanas. No aspecto prático, a urbanização concentra os aparelhos do mercado nas cidades e as torna locais de decisão de toda a economia do planeta; configura aglomerações humanas de extensões gigantescas (metrópoles e megalópoles); provoca o desenvolvimento tecnológico e a melhoria dos setores de serviços; degrada o meio ambiente, gera discriminação e segregação social; enfim, estabelece-se uma "sociedade de massas".[2] De outro lado, o dos significados, a urbanização provoca o surgimento da cultura urbana, ou seja, uma nova maneira de estabelecer valores, sentidos e significados dentro do mundo das relações humanas.

Observa-se a partir dessa conceituação que o crescimento urbano, paradoxalmente, é razão de desenvolvimento e do

---

[1] Cf. WANDERLEY, L. E. Pastoral Urbana: sujeitos e estruturas. In: ANTONIAZZI, A.; CALIMAN, C. (org.). *A presença da Igreja na cidade*, p. 51. Veja também: OLIVEIRA, F. de. O que é urbanismo no Brasil. In: PINHEIRO, E. et al. *Pastoral Urbana*, p. 12.
[2] CASTELLS, M. *A questão urbana*, p. 56.

crescimento das mazelas sociais, sintetizadas, nos países em desenvolvimento, na favelização das periferias urbanas. A cidade não contempla a totalidade de seus habitantes com as belezas da Modernidade. Desse modo, um olhar sobre a dinâmica da cidade permite-nos analisar as benesses e as fraquezas sociais do sistema urbano, sobretudo detectando as mudanças profundas ocorridas no mundo simbólico do ser humano instalado na cidade. Dentre essas mudanças podemos destacar as mudanças conceituais nas categorias de tempo e espaço e as mudanças profundas advindas com a chamada cultura urbana. Tudo isso nos conduzirá a uma conclusão quase óbvia: o mundo urbano é hoje o mundo do ser humano, ainda que seja um mundo à beira da insuportabilidade.[3]

Os agrupamentos são uma constante na história das sociedades humanas. Desde o abandono do nomadismo, o agrupamento humano chamado cidade foi a forma privilegiada e natural encontrada pelo ser humano para estabelecer relações e garantir sua defesa e sobrevivência.[4] A origem das cidades perde-se na história, mas podemos relacioná-la com a produção do excedente agrícola. Essa produção de excedentes desencadeou as relações comerciais e com estas nasceram as cidades. Junto com o comércio estabeleceu-se a concentração das atividades religiosas e políticas num determinado espaço, criando, assim, um ambiente singular da convivência humana.[5]

---

[3] Cf. COMBLIN, J. *Pastoral Urbana; o dinamismo na evangelização*, p. 64.
[4] Cf. LIBANIO, J. B. *As lógicas da cidade;* o impacto sobre a fé e sob o impacto da fé, p. 31ss. Para um trabalho clássico sobre a origem e formação das cidades, veja L. MUMFORD, *A cidade na história, suas origens, transformações e perspectivas*, Martins Fontes, São Paulo, 1982. Este autor considera as cidades como uma consequência natural da predisposição humana para viver em grupos, com o fator religioso como elemento unificador do espaço e do tempo.
[5] Esta outra tese, de corte marxista, compreende as atividades econômicas como o impulso primeiro da formação das cidades. Neste estudo destacamos o papel central do econômico na formação do urbano, mas não desmerecemos o fato de que o ser humano tem uma tendência à vida grupal. Cf. GAUCI, L. *O fenômeno urbano e a evangelização: desenvolvimento e consequências na prática pastoral*, p. 62.

A história conheceu uma infinidade de formas de organização espacial do território, o que significa afirmar, por exemplo, que a *polis* grega constitui-se de maneira diversa de uma cidade da Alta Idade Média. Entretanto, sendo "um produto da natureza humana",[6] alguns elementos comuns podem ser detectados em todas as cidades formadas ao longo dos anos: a existência de um domínio territorial marcado por atividades mercantis regulares dentro de determinados processos socioculturais.[7]

A partir da chamada Revolução Industrial (século XVIII, na Inglaterra), a cidade conhece uma nova configuração e temos, no mundo, o início do processo intenso de urbanização social. As cidades crescem rapidamente, concentram grande volume demográfico e tornam-se socialmente heterogêneas.[8] O capitalismo industrial pressupôs e ao mesmo tempo redefiniu a cidade ao mudar o eixo do poder econômico e ideológico do campo para a cidade.[9] A industrialização foi o fator central da configuração de uma nova relação do ser humano com seu espaço social e trouxe consigo o fenômeno da urbanização.

No conceito clássico, a urbanização

> é um processo pelo qual uma proporção significativamente importante da população de uma sociedade concentra-se sobre um certo espaço, onde se constituem aglomerados funcional e socialmente interdependentes do ponto de vista interno, numa relação de articulação hierarquizada [...] e com a difusão de um sistema social específico, a cultura urbana.[10]

---

[6] PARK, R. E. Sugestões para investigação do comportamento humano no meio urbano. In: VELHO, O. G. (org.). *O fenômeno urbano*, p. 26.
[7] Cf. WEBER, M. Conceito e categorias de cidade. In: VELHO, *O fenômeno urbano*, p. 68ss.
[8] Cf. WIRTH, L. O urbanismo como modo de vida. In: VELHO, *O fenômeno urbano*, p. 96.
[9] Segundo M. Weber, o cidadão da Antiguidade era o "homem lavrador". A urbanização gera outro tipo de cidadão, aquele ligado à vida da cidade e dependente dela. Cf. VELHO, *O fenômeno urbano*, p. 9.
[10] CASTELLS, *A questão urbana*, p. 46-47.

O fenômeno da urbanização expandiu-se pelo globo terrestre e alcança proporções antes inimagináveis. Atualmente, cerca de 70% da população mundial já vive em centros urbanos, e o crescimento das cidades é progressivo.

Nos países plenamente industrializados, a urbanização acompanha a revolução industrial e financeira, a demanda de empregos não supre o crescimento demográfico e provoca a estagnação familiar. A economia torna-se global, a partir das cidades, as redes comerciais ultrapassam as fronteiras e a mercadoria circula pelo mundo. A cidade moderna é a sede das multinacionais. O setor de serviços é o que mais cresce no mundo urbano, impulsionado pelas constantes revoluções tecnológicas em todos os campos do saber. O ser humano urbano torna-se extremamente exigente. A cidade é mundial.[11]

Já nos países subdesenvolvido não houve um processo progressivo de crescimento industrial, mas uma industrialização e, consequentemente, a urbanização tardia, na qual o único objetivo era servir à metrópole. A "urbanização latino-americana manteve relações de colonialismo, de dependência histórica e comercial do sistema capitalista norte-americano e europeu".[12] Nossa urbanização foi fruto de um subprocesso industrial e a característica do Terceiro Mundo não foi tanto a urbanização a partir das indústrias, mas a urbanização que nasceu do crescimento demográfico intenso das metrópoles, fruto dos movimentos migratórios de massa do século passado. Esse fenômeno merece destaque, uma vez que, para o ambiente religioso, o ser humano migrante na cidade terá peso decisivo na hora da organização das estruturas evangelizadoras.[13]

---

[11] "A cidade mundial possui nos seus territórios três dimensões: as redes, as instituições e especificamente a localização das sedes das empresas." LEMOS, A. I. G. A questão urbana: pensando a metrópole paulistana do século XXI. *Revista de Cultura Teológica* 36 (2001) 122.
[12] GAUCI, *O fenômeno urbano e a evangelização*:..., p. 98.
[13] Caso típico é o Brasil, cuja população urbana chega a 84,35% (160.879.708 pessoas), de acordo com dados do Censo 2010 (disponíveis em: <www.ibge.gov.br>).

Para nosso trabalho, queremos abordar dois conceitos fundamentais para a compreensão da cultura urbana, o tempo e o espaço na cidade grande. Esses dois conceitos serão fundamentais para a análise da comunicação de massa na cidade e, consequentemente, o *modo procedendis* da Igreja para atingir essa massa urbana com seu trabalho de evangelização por meio dos meios de comunicação de massa, sobretudo por meio da televisão. Analisar tempo e espaço, e a relação desses dois conceitos com a comunicação na cidade, torna-se necessário porque "os limites naturais do tempo e do espaço se mostram cada vez mais superados, o ser humano menos contingente e mais ilimitado em suas possibilidades".[14] E para discorrer sobre a cultura urbana e suas consequências nas mudanças de tempo e espaço urbano, falemos da metropolização das cidades.

2. A metropolização das cidades

Como já definimos anteriormente, a urbanização é um processo muito mais complexo que o simples aumento do tamanho das cidades, mas é no fenômeno da metropolização que temos um elemento visível da mudança profunda da configuração das relações sociais. A metropolização traz consigo "o anonimato, a superficialidade, o caráter transitório das relações sociais urbanas, a anomia, a falta de participação".[15] Mais do que uma concentração estrutural urbana, ocorre nas metrópoles uma redefinição das categorias de espaço e de tempo.[16]

Este crescimento urbano inicia-se de maneira intensa a partir da década de 1950, com o elevado número de migrantes chegando à região Sudeste do País. Para os detalhes sobre a urbanização brasileira, veja: SANTOS, Milton. *A urbanização brasileira*. São Paulo: Hucitec, 1993.

[14] Cf. SOARES, Afonso M. L. *A fé na metrópole;* desafios e olhares múltiplos, p. 8.
[15] CASTELLS, *A questão urbana*, p. 130.
[16] O conceito de tempo e de espaço é sempre social e culturalmente construído e sua base última de referência são, sem dúvida, os modos de produção econômica que regem a sociedade. Cf. PASSOS, J. D. *Teogonias urbanas; o re-nascimento dos velhos deuses*, p. 61.

Numa sociedade tradicional rural, o espaço e o tempo tinham papel definido na organização das relações sociais, uma vez que foram elaborados a partir de uma cosmovisão religiosa. O monocentrismo social e os ciclos da natureza conduziam de maneira harmônica toda a vida humana. Numa mentalidade tradicional, a família, a Igreja e a escola eram referências certas de uma estabilidade social, e o calendário, com seus feriados religiosos, marcava ritmicamente o rumo da vida do ser humano Os valores éticos, nessa sociedade, eram bem definidos e elaborados numa perspectiva religiosa. A metrópole inverte tal ordem e cria um ambiente constante de insegurança.

2.1. *O espaço urbano*

Plurinuclear, descentralizado, dispersivo, acessível, desarticulado, concentrado e segregador são alguns adjetivos que descrevem a complexidade da organização espacial urbana. O espaço pode ser descrito como um produto material no qual a ação humana constrói "uma forma, uma função, uma significação social. Portanto ele não é pura ocasião de desdobramento da estrutura social, mas a expressão concreta de cada conjunto histórico, no qual uma sociedade se especifica".[17]

Na cidade já não temos um espaço localizado. A metrópole é o lugar do não lugar, o que significa dizer que na cidade dissolvem-se as relações afetivas humanas, que se estabelecem justamente a partir de lugares sociais. Mas é o lugar que nos dá identidade e sentido existencial. Assim, falar de não lugar é predicar a ausência de referências seguras para a condução da vida do homem urbano.[18] Toda aquela idílica construção espacial de cunho rural já não faz mais sentido na rede urbana moderna.

---

[17] CASTELLS, *A questão urbana*, p. 181-182.
[18] Cf. LEMOS, A questão urbana: pensando a metrópole paulistana do século XXI, p. 116.

Na metrópole não temos mais um centro único. A conservação de um centro histórico inicial se mantém apenas para fins turísticos. Nas metrópoles os centros são múltiplos e acompanham o desenvolvimento do mercado. Geralmente, em cada "pedaço" da cidade encontramos um centro de referência local (minicentros), não mais sinalizado pela igreja matriz, mas distinto pela rede comercial e bancária. O centro urbano não é definido espacialmente, mas sua existência se liga ao conjunto de atividades sociais e econômicas que o geram e lhe dão significado. Em outras palavras, o "centro é simbólico".[19] Temos as novas "abadias" da Modernidade, significando os lugares de caráter secular que concentram as atividades da cidade, como os *shopping centers* e os bancos.

Esses novos pontos de referência se conjugam por uma extensa rede de transporte, imprescindível para o funcionamento da metrópole. A rede de transporte favorece a constante locomoção das pessoas e das mercadorias pela cidade. Essa locomoção é uma necessidade do homem urbano, que geralmente trabalha longe de seu local de moradia. Por outro lado, pelo fato de passar parte de seu tempo em trânsito, o homem urbano vê seus laços afetivos, familiares e sociais dissolverem-se rapidamente. Temos uma forma moderna de nomadismo. Corrobora tal percepção a reflexão de Ciro Marcondes Filho que afirma que "toda a era das máquinas [...] é marcada pela supressão de espaços [...] nossas mentes viajam por ambientes não existentes na materialidade e lá se instalam, construindo territórios de coabitação virtual".[20]

---

[19] "O centro simbólico, portanto, é a organização espacial dos pontos de intersecção dos eixos do campo semântico da cidade, quer dizer, o lugar ou os lugares que condensam de uma maneira intensa uma carga valorizante, em função da qual se organiza de forma significativa o espaço urbano". CASTELLS, A *questão urbana*, p. 318.

[20] MARCONDES FILHO, Ciro. *Superciber*; a civilização místico-tecnológica do século 21, p. 64.

A emergência do pluricentrismo urbano derruba o aspecto sacralizado do espaço e gera a instabilidade espacial na cidade. Tudo, em todo momento, é construído e destruído. Essa fluidez espacial gera uma confusão típica no homem urbano: não se separa mais o espaço público do espaço privado. Descuida-se do zelo pelo espaço público, terra de ninguém, e invade-se, prazerosamente, o ambiente privado do outro, seja pela proximidade residencial nas periferias, seja pela mediação midiática, que vive de revistas *Caras* e *Big Brothers*, num voyeurismo sem precedentes. Existe uma febre alucinante em conhecer a intimidade do outro.[21]

2.2. *O tempo urbano*

Semelhante ao espaço, a categoria tempo é refeita na cidade.

"A cidade modifica profundamente a compreensão do tempo. Deixa-se o tempo do calendário, do relógio tradicional para o acelerado, do relógio eletrônico. Cria-se a mentalidade de mudanças em ritmos cada vez mais alucinantes."[22]

Num mundo rural, o tempo era sacralizado e determinava o ritmo da vida a partir de referenciais religiosos: dias santos, festas de preceitos, comemoração do padroeiro, época das colheitas e plantio, tudo numa sintonia profunda com o ritmo da natureza. E nessa dinâmica a vida das pessoas era organizada de maneira a seguir o ritmo religioso "natural" do tempo.

Na cidade grande o tempo se desfaz e abandona seu ritmo natural. A natureza curva-se à "tirania do cronômetro".[23] Na cidade, onde não há mais diferença funcional entre noite e dia (a cidade não dorme!), os cronômetros controlam cada milésimo de segundo da correria cotidiana, causando-nos a impressão de

---

[21] Para uma reflexão sistemática entre o espaço público e o privado, veja: DAMATTA, Roberto. *A casa e a rua;* espaço, cidadania, mulher e morte no Brasil.
[22] LIBANIO, *As lógicas da cidade;*..., p. 110.
[23] PASSOS, *Teogonias urbanas;*..., p. 73.

uma aceleração temporal. Somos inseguros numa sociedade em que tudo muda a toda hora, numa sociedade do descartável.[24] Como consequência dessa inversão temporal, somos dominados por uma constante fadiga física e psíquica. Ficamos sem tempo para programar a vida e estabelecer prioridades.

Na cidade pluricentralizada tudo fica difuso e exige-se tempo para locomoção. Da casa para o trabalho e deste para casa são necessárias, não raro, várias horas dentro de veículos superlotados e presos em congestionamentos intermináveis. Os fins de semana já não são mais tempo de reunião familiar e comunitária, mas tempo de permanecer dentro de casa, diante da TV ou na internet. No máximo, acontece um encontro com amigos para futebol ou num bar, próximos de casa. Mesmo aqueles que se arriscam a sair dirigem-se para o lugar do lazer comum da Modernidade: o seguro, limpo e atemporal espaço dos *shopping centers*. Ou seja: em casa, diante da TV, ou na rua, nos *shopping centers*, estamos mergulhados em ambientes de despersonalização.

2.3. *A cultura urbana*

Como cultura urbana entende-se todas as construções simbólicas, valores, atitudes e comportamentos que regem a vida do homem estabelecido no meio urbano. Nas cidades de Terceiro Mundo temos variedades culturais imensas, que convivem, se relacionam, se conjugam e, por vezes, se excluem. Ou seja: o conceito de cultura urbana não é claramente delineado. Mas uma coisa é certa: mesmo com a mistura entre rural e urbano nas sociedades urbanas de Terceiro Mundo, e aqui se pensa no Brasil, há um progressivo crescimento da chamada secularização social, ou seja, um processo de abandono sistemático da cultura religiosa institucional. E o caminho da secularização são os meios de comunicação de massa (*mass media*), que cumprem religiosamente

---

[24] Cf. LIBANIO, *As lógicas da cidade;*..., p. 95.

o papel de difundir os valores de uma cultura urbana de massa. A locomotiva do processo é, sem dúvida, a produção cultural norte-americana.[25] E aqui se impõe uma pergunta: a Igreja conseguirá usar o mesmo instrumento, a saber: os meios de comunicação de massa, para promover a manutenção da mentalidade religiosa e sua própria manutenção institucional?

Da mesma forma que o espaço e o tempo religioso dissolvem-se no mundo urbano, a cultura também abandona seus referenciais religiosos. A urbanização "instaura o plural, o descontínuo, os territórios mesclados, dentro de uma dialética múltipla de significados",[26] e abandona, impiedosamente, uma visão sagrada da vida. A cidade não mais se configura a partir de pressupostos religiosos, mas é um ambiente profundamente lógico, racional e pluricultural. A unidade dogmática dobra-se diante de infinitas perspectivas culturais urbanas. A sociedade urbana é a "sociedade do conhecimento".[27]

Os valores religiosos tradicionais não respondem mais às perguntas do homem urbano moderno. A cidade segue sendo religiosa, mas com uma religião que cada vez é mais subjetiva, pessoal, íntima.[28] E esses conceitos estão em choque com a mentalidade evangelizadora da Igreja, cuja proposta é gerar comunidades de fiéis. Mas que fique claro: o homem na cidade ainda busca de alguma forma a referência religiosa, ainda que religião, aqui, assuma conceitos tão multifacetados que escorrem pelos vãos de nossos dedos. Entre tantos conceitos um implica fundamentalmente a mudança da ação prática da Igreja Católica: procura-se a religião não mais como porta para o "céu", mas como subsidiária de felicidade imediata.[29]

---

[25] Cf. COMBLIN, J. *Cristãos rumo ao século XXI*, p. 264ss.
[26] PASSOS, *Teogonias urbanas;*..., p. 80.
[27] Cf. LIBANIO, *As lógicas da cidade;*..., p. 115.
[28] Cf. SOARES, *A fé na metrópole;*..., p. 12.
[29] Cf. PASSOS, João Décio. In: SOARES, *A fé na metrópole;*..., p. 25.

Na cidade, cada indivíduo é livre para escolher aquilo que mais lhe apetece. Entretanto, essa noção de liberdade é extremamente ideológica, uma vez que toda escolha real é condicionada pelas possibilidades econômicas e sociais dos indivíduos.[30] A mídia encarrega-se de provocar as escolhas e domestica a liberdade na cidade. O mercado, por sua vez, produz para todos, gerando a sensação de conforto para todos os ambientes. O resultado é um ser humano ávido de novidades para serem consumidas. Ser livre para consumir, eis a síntese da vida urbana. Na feliz paráfrase de Karl Marx, o ser humano da cidade vive o "ópio do consumo, acreditando possuir, ainda que por instantes efêmeros, a felicidade plena".[31]

A ansiedade pela novidade encontra sua síntese na tela do computador, pois aí a fome pelo novo é constantemente saciada. O computador, e nele a internet, é o ícone da cultura urbana. Além disso, a internet cria uma rede de contatos virtuais, suprindo a necessidade humana de relacionamentos pessoais pelas vias do imaterial. Num mundo despersonalizado, a internet torna-se o palco das mais incríveis peripécias emocionais. É um mundo que não pode ser controlado. É o ápice do individualismo.[32]

A cidade emancipou o ser humano das estruturas institucionais tradicionais e o fez dono de suas próprias decisões. Qualquer ideia de comunidade, grupo ou associação só se realiza caso os membros dessas associações encontrem nelas elementos que satisfaçam suas necessidades pessoais. Na cidade, prefere-se o anonimato à ideia de fazer-se conhecido. O paradoxo da cidade

---

[30] Para uma análise da liberdade humana, veja: COMBLIN, J. *Vocação para liberdade*. Aqui o autor faz um itinerário histórico-teológico detalhado sobre a ideia de liberdade cristã, culminando numa lúcida análise da liberdade nas sociedades Moderna e Pós-Moderna, até mesmo nos meios eclesiásticos.
[31] SOARES, *A fé na metrópole;*..., p. 7.
[32] "A sociedade tornada cibernética corresponde a uma vivência em que as relações com o outro passam necessariamente pelo computador e pela rede. [...] desapareceram ou se tornaram cada vez mais difíceis as formas de encontro e contato com pessoas". In: MARCONDES FILHO, *Superciber;*..., p. 41.

é a solidão em meio à multidão.[33] A pessoa se sente uma estranha na cidade.[34]

De acordo com João Batista Libanio, é válida toda a contestação dos valores passageiros de uma cultura, mas em nenhuma circunstância pode-se inverter aqueles valores humanos chamados autônomos, entre eles a vida, a justiça e a verdade. Segundo o mesmo autor, a Pós-Modernidade traz a novidade da revalorização do corpo e a redescoberta do prazer e da alegria. Contudo, ele alerta para o perigo de um narcisismo vazio e de uma tirania do prazer desmedido.[35] A sociedade hoje apresenta "uma mediocridade informatizada, caracterizada pelo saber fragmentado, pela especialização no detalhismo técnico, pela perda da dimensão ampla e genérica, pela ausência da crítica, pelo descompromisso histórico, social, cultural, moral".[36]

E é neste mundo fragmentado, desconstruído e completamente diferente de tudo o que o homem já concebeu como sociedade que a Igreja encara a tarefa de manter-se como portadora de sua mensagem. Ao mesmo tempo, é neste mundo que ela vive a angústia de sua existência: a Igreja foi construída, em seus valores e métodos, em um mundo sólido, hierárquico, domesticável. Seu referencial é alicerçado sobre os valores e as estruturas seguras, firmes e imutáveis, cujo símbolo maior é a estrutura paroquial. Na paróquia, durante séculos e ainda hoje, o povo católico encontrou ponto de apoio para sua vida religiosa, mas hoje ela é o alvo de crítica por parte da mentalidade urbana.

E quando a paróquia entra em crise, o que pode manter a Igreja presente na cidade? Ela aposta na força da mídia e já usa desse instrumental. Mas a mídia substituirá a paróquia? Ou os

---

[33] Cf. LIBANIO, *As lógicas da cidade;*..., p. 148. Aqui o autor faz uma interessante análise da solidão e dos encontros nas cidades.
[34] Cf. SANCHEZ, Wagner Lopes. A multiplicidade religiosa no espaço urbano. In: SOARES, *A fé na metrópole;*..., p. 49-54.
[35] Cf. LIBANIO, *As lógicas da cidade;*..., p. 177.
[36] MARCONDES FILHO, *Superciber;*... p. 14.

meios podem fortalecer e recuperar o sentido de uma estrutura comunitária? Não estaria no mundo urbano a gênese de um novo modo de viver a fé na Igreja?

> A religião, ao que tudo indica, habitante natural das metrópoles, viverá certamente nos tempos vindouros o dilema desse ciclo vicioso: ceder a sua lógica em nome da eficácia numérica ou romper com sua lógica, construindo uma identidade capaz de contribuir efetivamente com a conquista da cidadania plena de todos os seus habitantes.[37]

Mas antes de pensar na comunicação de massa (televisiva) como promotora da fé, registremos algumas impressões sobre a estrutura paroquial da Igreja, para que tenhamos argumentos para nossos questionamentos ulteriores.

3. A estrutura paroquial da Igreja Católica

Após lançar nosso olhar sobre o ambiente urbano, vamos desenvolver uma pequena descrição da gênese e configuração da atual estrutura paroquial, considerada o lugar privilegiado para a ação evangelizadora da Igreja para as pessoas do campo e da cidade. Também veremos que a própria constituição jurídica da paróquia sofreu sucessivas transformações ao longo dos séculos, sendo que o atual modelo é ainda profundamente tridentino.[38] A estrutura paroquial passou praticamente ilesa pelos movimentos de renovação eclesial suscitados pelo Concílio Vaticano II (1962-1965), apesar de ter assumido algumas inovações de extrema importância pastoral e missionária. Mas a paróquia ainda não encontrou seu lugar na cidade. A estrutura paroquial "não está adaptada às pessoas da cidade. Ela é heterogênea, burocrática,

---

[37] PASSOS, João Décio. A religião e as contradições da metrópole: lógica e projeto. In: SOARES, *A fé na metrópole;*..., p. 46.
[38] Expressão que se refere às decisões do Concílio de Trento (1545-1563), concílio que foi a resposta da Igreja à Reforma Protestante e que marcou praticamente quinhentos anos da vida da Igreja.

sem comunicação horizontal, impregnada de patriarcalismo"[39] num ambiente urbano que convive com a diversidade de pessoas, ideias, religiões, culturas, e que tem ojeriza profunda diante de toda forma de dominação institucional.

Ao olhar a paróquia, queremos propor uma revisão paroquial a partir da influência dos meios de comunicação de massa, que, entre outras características, acaba por criar outros mecanismos de vivência religiosa que prescinde, de certa forma, a presença comunitária, na medida em que supre as necessidades religiosas pelos meios midiáticos. As perguntas que queremos responder neste trabalho são: O modelo paroquial pode se manter num mundo midiatizado? Os meios de massa podem reintroduzir o mundo das experiências religiosas individuais no mundo das partilhas comunitárias paroquiais? Que tipo de religião nasce da relação entre estruturas temporais e espaciais com os modelos religiosos midiatizados?

3.1. Origem histórica da paróquia

A paróquia constitui-se como a unidade jurídica da Igreja Católica, célula primeira da vida cristã e figura da Igreja local.[40] A gênese dessa estrutura obedeceu ao desenvolvimento histórico do próprio Cristianismo e configurou-se em sua rigidez estrutural, de maneira definitiva, no Concílio de Trento. Ainda é possível evangelizar o mundo urbano a partir da estrutura paroquial? Talvez a Igreja encontre uma resposta positiva, pois, apesar da imobilidade atual, a paróquia nasceu como resposta aos problemas emergentes da comunidade cristã dos primeiros séculos e seu dinamismo possibilitou a vida da Igreja durante muito tempo.

---

[39] COMBLIN, *Cristãos rumo ao século XXI*, p. 163.
[40] Cf. KREUTZ, Ivo José. *A paróquia;* lugar privilegiado da Pastoral da Igreja, p. 40ss.

O Papa Paulo VI, em setembro de 1966, afirmou que "o Vaticano II conserva, afirma, enobrece a forma paroquial como expressão normal e primária da cura das almas (e) mesmo estando a paróquia em crise, não significa que ela está superada".[41] A paróquia precisa ser reinventada, pois como está pode não significar nada para a mentalidade urbana. Uma paróquia que não dialogar com o mundo das mídias, respeitando a influência e presença da Igreja na casa de seus paroquianos por meio da televisão, rádio ou internet, está fadada a ser uma paróquia fantasma. Mas será que a mídia católica está preocupada em dialogar com a estrutura paroquial?

Etimologicamente, a palavra paróquia, de origem grega, parece ser constituída por duas palavras: *para (peri)* e *oikia (oikos)*, que significam "aquilo que se encontra perto ou ao redor da casa".[42] No Novo Testamento aparece a relação de paróquia com a comunidade de fiéis que é peregrina neste mundo.

O paradoxo paroquial se apresenta de forma imediata. Hoje a Igreja tem dificuldade de falar com o mundo urbano, mas é preciso afirmar que a Igreja nasceu nas cidades.[43] Cada cidade era local de uma só Igreja (*eclesia*), mesmo se nela houvesse muitos lugares de reunião. E cada cidade era deixada sob a assistência de um bispo.[44] Cada bispo era auxiliado por um presbitério,

---

[41] Paulo VI na Semana Italiana de Atualização Pastoral em setembro de 1966. In: GIUSTINA, E. D. *A paróquia renovada;* participação do conselho de pastoral paroquial, p. 56.

[42] O termo paróquia tem origem grega e seu significado é bastante discutido. Alguns afirmam que a paróquia significa algo semelhante a "casa" (SARTORI, L. M. *Igreja particular e pastoral ambiental*, p. 144); outros entendem a paróquia como comunidade de peregrinos (GOETH, E. A Igreja particular à luz da análise sociorreligiosa. In: VV. AA. *Igreja particular*, p. 69); finalmente, podemos encontrar autores que definem a paróquia como a consciência de habitar em terra estrangeira (GIUSTINA, *A paróquia renovada;...*, p. 36).

[43] Cf. KÖNIG, A. Paróquia, mundo urbano e comunidade. *REB* 213 (1994) 151. Veja também: GOETH, A Igreja particular à luz da análise sociorreligiosa, p. 66.

[44] O título episcopal conserva seu caráter primitivo até os dias de hoje. Apesar das dioceses atuais abrangerem regiões amplas, o bispo é sempre relacionado com uma cidade.

num trabalho colegial dentro da Igreja na cidade. Não havia divisão territorial dentro da cidade e cada cristão podia transitar livremente entre as comunidades. A pertença não era territorial dentro da cidade e o conjunto de cristãos tinha palavra de força na escolha de seus líderes espirituais.[45]

O crescimento dos grupos cristãos e a expansão das comunidades incentivaram o surgimento de ministérios na Igreja. Para evitar um crescente número de bispos, os *títulos*[46] urbanos (paróquias primitivas?) foram sendo confiados aos presbíteros. Mesmo assim, toda a cidade se compreendia como uma única paróquia (Igreja local). Da paróquia urbana para os "pagi" (campos) a passagem foi inevitável. Assim, nas regiões rurais os presbíteros, delegados pelo bispo, assumiam quase todas as funções deste e constituíam uma paróquia rural semiautônoma. Apesar de incompleta – a Igreja plena está na cidade – as paróquias rurais são a raiz do atual modelo paroquial. As primeiras definições jurídicas sobre a estrutura paroquial remontam ao cânon oitavo do Concílio de Niceia, do ano 325, e ao Concílio da Calcedônia, no ano de 451 (cânon 17).

O conjunto de paróquias, sob a tutela do bispo, vai formar a *diocese*, termo da estrutura jurídica do Império Romano sob Diocleciano e assimilado pela Igreja Católica após a oficialização da religião sob o imperador Teodósio, no Concílio de Constantinopla, no ano de 381.[47] Usando as palavras do teólogo José Comblin, pode-se dizer que

> [...] a imagem real da Igreja local ou da paróquia que nos foi legada pela antiguidade cristã é da comunidade de cristãos que sabem que são responsáveis por uma cidade e que exercem sua missão sob a direção

---

[45] Progressivamente, na história da Igreja, o povo foi afastado da eleição dos bispos. Cf. FAUS, J. I. G. *Nenhum bispo imposto*.

[46] Os *títulos* eram residências romanas que se constituíam como lugares de reunião dos cristãos. Progressivamente, tornaram-se residências de presbíteros e casas paroquiais. Cf. GIUSTINA, *A paróquia renovada;...*, p. 42. Veja também: GOETH, A Igreja particular à luz da análise sociorreligiosa, p. 69.

[47] Cf. KREUTZ, *A paróquia;...*, p. 47.

do corpo de ministros presididos pelo bispo [...]. Quanto à diocese, ela não é mais do que uma criação administrativa que abarca certo número de igrejas locais para mantê-las em contato com o colégio episcopal e com a comunhão da Igreja universal. A jurisdição não depende de fatos administrativos, mas, antes de tudo, de fatos humanos.[48]

3.2. A paróquia na Idade Média

A Idade Média marca a passagem da Igreja para o ambiente rural. As consequências do abandono das cidades são até hoje inumeráveis. A Igreja nunca mais reencontrou a cidade. Esse processo de ruralização da Igreja foi fruto da decadência do Império, invadido pelos "bárbaros" de todos os lados. Uma nova estrutura socioeconômica e político-cultural desponta no cenário mundial: o feudalismo. A Igreja sobrevive às invasões e adapta-se ao novo mundo, conjugando valores do mundo latino e "bárbaro". Torna-se centralizada, hierárquica e monárquica. A própria dinâmica social, apoiada no medo dos ataques externos dos povos bárbaros, propiciou ao continente europeu, e consequentemente à Igreja, o desenvolvimento de suas instituições dentro do modelo chamado feudal. Assim, como cada feudo era regido por um senhor, as Igrejas particulares acabaram centralizando suas decisões nas figuras dos bispos locais, que detinham controle absoluto sobre determinado espaço geográfico e, dentro deles, das igrejas, capelas e clero disponível.

O distanciamento entre o clero e os leigos é cada vez maior, e a paróquia atinge sua maioridade jurídica, como unidade territorial e autônoma, regida por um padre (pároco) e ficando à mercê dos interesses econômicos dos senhores feudais, que, pelo direito das Igrejas próprias, fazem das paróquias verdadeiras fontes de enriquecimento.[49] Felizmente, junto com a fixação da estrutura

---

[48] COMBLIN, J. *Teologia da cidade*, p. 208.
[49] Cf. GOETH, A Igreja particular à luz da análise sociorreligiosa, p. 68-70.

paroquial, nasce a Igreja monástica. O povo, que é obrigado a frequentar as paróquias por motivos de ordem burocrática e administrativa, encontra nos mosteiros a verdadeira fonte da espiritualidade. As ordens religiosas contemplativas fazem de seus mosteiros lugar de referência para uma população espiritual e materialmente abandonada. Os grandes mosteiros serão, muitos deles, pontos de início de muitas das cidades medievais.

A religiosidade popular começa a fixar suas raízes.[50] O período medieval significou a sedimentação de um sistema paroquial rural. A Reforma Gregoriana do século XI terá o mérito de tirar das mãos dos senhores feudais a administração das paróquias, mas não vai conseguir recuperar o espírito comunitário original do sistema paroquial.[51] Pode parecer estranho, mas a prática administrativa da Igreja medieval estava sob o controle dos senhores feudais. A plena liberdade administrativa da Igreja, de seus bens materiais e posses, será conquista feita ao longo dos séculos e até pouco tempo era comum a intervenção do Estado nas finanças eclesiais. Alguns países ainda mantêm o costume de remunerar padres e bispos, ainda que a interferência direta em assuntos da Igreja não passe mais diretamente pelas mãos do poder político constituído.

O fim da Idade Média conhece o surgimento dos burgos. Na história da Igreja, esse período significa o surgimento e a expansão carismática das ordens mendicantes, como franciscanos e dominicanos. Esses movimentos, profundamente urbanos, são gestados à revelia das estruturas eclesiásticas,[52] o que confirma com mais

---

[50] Falando sobre as paróquias medievais em Portugal, o historiador Marcos Almeida faz uma interessante descrição de como o povo encontrou nos mosteiros uma fonte de vida espiritual, não mais oferecida pelas paróquias. Cf. ALMEIDA, M. A. A paróquia no Portugal medieval. In: LONDOÑO, F. T. (org.). *Paróquia e comunidade no Brasil;* perspectiva histórica, p. 21-50.
[51] Cf. COMBLIN, J. A paróquia ontem, hoje e amanhã. In: GREGORY, A. F. *A paróquia ontem, hoje e amanhã*, p. 7ss.
[52] Basta lembrar que os movimentos heréticos da Alta Idade Média são todos de origem urbana, o que pode significar a dificuldade da instituição de assimilar as

veemência dois modelos de Igreja: o estrutural-burocrático e o carismático-evangelizador. A vida urbana medieval significou a ruptura profunda entre uma vida eclesial sacramental e a vivência popular da fé.[53] Enquanto a Igreja instituição pregava o Evangelho a partir de rubricas litúrgicas detalhadas, num ambiente distante da vida real, o povo acolhia com bons olhos a religiosidade do cotidiano, algumas vezes concorde com a teologia oficial, mas outras tantas com manifestações e crenças de origem pagã. Este detalhe nos parece importante, uma vez que a religião recebida por meio dos meios de comunicação (televisão) carrega muito mais carga emotiva e popular da fé e por isso é facilmente digerida pelo fiel católico. Em contrapartida, em pleno século XXI a estrutura paroquial não atrai mais freguesia significativa pelo fato de insistir numa religião racionalizada e não entender o processo de "emotização" advinda com os novos movimentos religiosos do fim do século XX.

3.3. A paróquia no Concílio de Trento (1545-1563)

Em meados do século XII, a Europa redescobre a cidade. Os conglomerados urbanos, chamados burgos, motivados pela expansão comercial e pelo desenvolvimento das atividades pré-industriais, aparecem em todo o continente. Junto com a formação das novas cidades, o ser humano começa a desenvolver uma nova relação com seu ambiente.

Devagar, mas progressivamente, o modelo feudal, com sua base filosófica, econômica e cultural baseada em teses medievais, vai cedendo espaço para um novo modo de compreensão do mundo. A aurora dos movimentos modernos tem sua gênese na decadência do mundo medieval e na transição do modelo rural para o modelo

---

novas convicções religiosas nascidas na urbe. Cf. COMBLIN, *Teologia da cidade*, p. 218-219.
[53] Cf. ibid. p. 220.

urbano de organização da vida. As práticas mercantilistas, comércio e manufaturas, visando a lucro e acúmulo primitivo do capital, tornam-se o padrão de vida para muitas famílias e a dependência do senhor feudal e de sua tutela e proteção vai se esvaziando. O auge dessa transição virá com o advento do modernismo, seja pelas ideias de um novo contingente de pensadores e filósofos, seja pelo pleno desenvolvimento de uma economia industrial.

Envolvida até as entranhas com o mundo rural, a Igreja não mais consegue encontrar seu espaço na cidade mergulhada em novas ideias. Ela está na cidade, mas não dialoga com ela. O sistema paroquial, elitista e burocrático, manteve seus paramentos rurais no encontro com o novo mundo urbano.[54] A Igreja, que já há muito vinha se distanciando das pessoas, acaba por tornar-se um espaço e tempo ainda separados no turbilhão do mundo urbano. Fecha-se em si mesma e nas suas verdades eternas. Ainda tem o respeito e admiração das pessoas, mas está longe de impor-se com hegemonia absoluta como regente da vida urbana.

O distanciamento entre Igreja e povo vai produzir reações inesperadas. No ambiente religioso, o movimento protestante, com sua inspiração moderna, trará consequências profundas para a compreensão humana do sagrado. A hegemonia católica é abalada no Ocidente. Em resposta à Reforma Protestante, a Igreja vai reunir-se em Concílio na cidade de Trento, elaborando o mais completo guia da vida e ação católica para o enfrentamento das novidades do mundo. Marco histórico essencial da vida da Igreja, Trento vai sedimentar a visão de uma fé organicamente estruturada a partir de uma concepção eclesial hierarquicamente definida. O modelo monárquico-piramidal torna-se a única possibilidade real da vida da Igreja. Por mais de quatrocentos anos este será o

---

[54] "Nos séculos XII e XIII, desenvolveram-se, de novo, as cidades. Mas não se retomou o presbitério [...] o bispo passou o sistema rural para a cidade: fundando paróquias nas cidades, tornando-as autônomas entre si, dependentes apenas dele mesmo." GOETH, A Igreja particular à luz da análise sociorreligiosa, p. 80.

modelo eclesial oficial vigente e atuante no mundo católico, com tudo aquilo que ele tem de bom e de ruim.

Para Trento, a paróquia revigorada, mas essencialmente preservada em suas estruturas, seria o trampolim para manter em pé o arcabouço da tradição católica. Mantendo a massa unida à Igreja, pelos vínculos sacramentais e pela constante vigilância, a Igreja resistiria ao Protestantismo. Com isso, Trento vai fixar a paróquia como uma unidade geográfica territorial, estender sua autonomia jurídica e administrativa, investir na criação de seminários para a formação de um clero mantenedor da estrutura, isolar as paróquias entre si, criando unidades distintas de Igreja ligadas à Igreja universal (nucleação eclesiástica), enfim, com o Concílio de Trento, o modelo paroquial rural será defendido como a estrutura ideal de evangelização e resistência contra o Protestantismo. Se ele foi útil, hoje se apresenta inócuo como modelo evangelizador. Trento nunca podia supor a força da religião que hoje emerge da mídia e que cada dia mais prescinde da estrutura fixa da paróquia territorial.

A presença de um pároco em paróquias pequenas permitiu o controle social da vida dos paroquianos. Os sacramentos eram capítulos de vigilância social, e o pároco era "um instrumento de controle e a paróquia um local de disciplina".[55] De certa forma, o pároco passava a ser mais do que o juiz das consciências, pois, sendo o único que ouvia tudo e sabia de tudo pela imposição da confissão auricular, adquiria poder sobre as pessoas e sua vida íntima. Mas, mesmo com tantas restrições, o povo continua a cultivar suas mais piedosas tradições religiosas. O sistema devocional popular sobrevive ao estabelecimento da ordem católica paroquial.[56] Em resumo: Trento definiu os traços fundamentais da estrutura paroquial: centralização, verticalidade e territorialidade.

---

[55] LONDOÑO, F. T. Paróquia e comunidade na representação do sagrado na colônia. In: LONDOÑO, *Paróquia e comunidade no Brasil;...*, p. 66.
[56] Cf. ALMEIDA, M. A. A paróquia no Portugal medieval, p. 39. Veja também: CORSO, M. dal. Paróquia e religião do povo. In: LONDOÑO, *Paróquia e comunidade no Brasil;...*, p. 199ss.

3.4. A paróquia no Concílio Vaticano II (1962-1965)

Trento vigorou e organizou a Igreja por mais de quatrocentos anos. Enquanto o mundo caminhava ávido rumo às conquistas da Modernidade, a Igreja permanecia impávida, serena e ciosa de sua autoridade divina e imutável. O hiato entre a vida secular e a vida eclesial tornou-se tão profundo que, para alguns, os danos dessa cisão ainda demorarão alguns séculos para ser sanados. É por isso que, quando o Papa João XXIII convoca um Concílio para "arejar" a Igreja, parece que o descompasso entre a instituição eclesial e o mundo será um fato irreversível. Enclaustrada em suas próprias estruturas, a Igreja desconheceu, por séculos, o desenvolvimento técnico-científico e cultural que fervilhava no mundo ao seu redor. Um dos fatores mais nítidos da falta de sintonia entre mundo e Igreja pode ser contemplado pelo processo de secularização progressiva da sociedade.[57] Uma cultura secular, advinda com o surgimento de novas ideias e valores, deixou à margem da história a instituição católica. Esta, por sua vez, confiando demasiadamente em suas estruturas históricas, pouca questão fez de inserir-se num mundo povoado de novos paradigmas.[58] Ainda hoje, o grande dilema da Igreja, mesmo que já aberta ao novo, é mesclar a tradição com a inovação sem que isso signifique perda de identidade.

Dessa forma, a convocação de um Concílio trouxe à tona uma série de questões que urgiam ser respondidas. Dentre elas aparece a preocupação para com a evangelização das comunidades, o que impulsiona uma revisão nos métodos e nas estruturas evangelizadoras da Igreja. Indiretamente, a estrutura celular mais

---

[57] Cf. BENEDETTI, L. R. A religião na cidade. In: ANTONIAZZI; CALIMAN (org.), *A presença da Igreja na cidade*, p. 66.
[58] "A sociedade não se vê mais de maneira religiosa: os mecanismos de socialização – através dos quais os indivíduos se integram à sociedade, assumem seus valores e definem sua identidade dentro dela – não são mais religiosos. Assim, a religião que era 'a' explicação do mundo passa a ser explicada por outra instância, a ciência". BENEDETTI, A religião na cidade, p. 64.

questionada era a paróquia. De outro lado, o decreto conciliar *Inter Mirifica*, sobre a comunicação social, traz o ambiente da comunicação de massa como um apoio ao processo de evangelização.

A Igreja do Brasil, às vésperas do Concílio Vaticano II, une sua voz ao grupo conciliar e demonstra sua preocupação com a estrutura paroquial. Os bispos do Brasil afirmam que

> [...] a paróquia, ponto de inserção dos homens na vida da Igreja e no mistério de salvação, constitui a base primeira de nossa ação pastoral. Urge, pois, vitalizar e dinamizar nossas paróquias, tornando-as instrumentos aptos a responder à premência das circunstâncias e da realidade em que nos encontramos.[59]

É certo que tudo o que o Concílio disse sobre a Igreja pode, e deve, ser aplicado às paróquias.[60] Assim, na constituição conciliar *Lumen Gentium* a Igreja ideal é também a imagem da paróquia ideal, afinal

> [...] a paróquia não é uma divisão da Igreja, divisão administrativa semelhante às divisões da sociedade civil; não é uma parte da Igreja. Seria suprimir todo o mistério da Igreja [...] na paróquia está a Igreja inteira [...] essa Igreja é a Igreja universal, invisível, mas realmente presente em cada paróquia.[61]

Com tal esclarecimento o Concílio reafirma a importância da Igreja local, mas não o faz simplesmente como valorização do aspecto territorial da estrutura paroquial e diocesana. Essa percepção deu margem para que brotassem teses sobre paróquias ambientais, funcionais e afetivas e, por que não sonhar, com paróquias midiáticas e midiatizadas.

---

[59] Renovação Paroquial segundo Plano de Emergência de 1962 da CNBB. In: GREGORY, *A paróquia ontem, hoje e amanhã*, p.105.
[60] Cf. COMBLIN, J. A paróquia ontem, hoje e amanhã. In: GREGORY, *A paróquia ontem, hoje e amanhã*, p. 12-13.
[61] Ibid., p. 11.

No Novo *Código de Direito Canônico* (CDC) de 1983, há ênfase no conceito de paróquia como comunidade de fiéis mais do que território administrativo.[62]. A Igreja local é uma porção do Povo de Deus e não uma porção de terra.[63]

> A paróquia é, antes de tudo, uma comunidade, ou seja, deve-se supor como lugar de encontro de todas as comunidades, movimentos e pessoas que vivem em determinado território. Ela se transforma, assim, na casa comum e no espaço de acolhida das pessoas, grupos, movimentos e comunidades (maiores ou menores) que vivem e se organizam numa cidade pequena, num bairro de uma cidade grande ou numa zona concreta.[64]

Temos, assim, um salto qualitativo: o testemunho não se restringe somente ao ambiente da Igreja local onde se tem a residência, mas pode ser feito a partir de envolvimentos comunitários ambientais, afetivos e funcionais. São as novas e desejadas paróquias naturais.[65]

Mas mesmo com toda a abertura conciliar o atual momento eclesial parece ser de retrocesso. A paróquia se encontra sufocada pela cidade grande, urbe imensa, local do transitório e da falta de compromisso comunitário. O atual momento eclesial parece ressuscitar um tradicionalismo rural e pietista em nossas comunidades paroquiais. A pergunta não cala e nos provoca: como encontrar caminhos para que a paróquia nas cidades seja renovada profeticamente e alcance seu objetivo de evangelizar os povos e propor o verdadeiro seguimento de Cristo? Outra vez perguntamos: a religião que emerge das mídias poderá ajudar no

---

[62] Literalmente: "A paróquia é uma certa comunidade de fiéis, constituída estavelmente na Igreja particular, cuja cura pastoral, sob a autoridade do Bispo diocesano, está confiada ao pároco, como a seu pastor próprio" (*CDC* 515 § 1).
[63] Cf. KLOPPENBURG, Boaventura. A paróquia no novo Direito Canônico. *Atualização* 183 (1985) 99-100.
[64] HACKMANN, Geraldo L. B. Por uma paróquia como comunidade evangelizadora e missionária. *Teocomunicação* 111 (1996) 8.
[65] Cf. ibid., p. 95-97.

resgate paroquial? Ou outra forma de religiosidade nasce da mídia e prescindirá a estrutura territorial da paróquia? Ou melhor: a paróquia irá se transformar para manter-se viva?

3.5. Renovação de estruturas e linguagem

A paróquia instalada na cidade ainda conserva resquícios significativos dos traços sedimentados em Trento: territorialidade, verticalidade e centralidade. Que o atual modelo paroquial não acompanha o ritmo da cidade é fato facilmente constatável.[66] Estruturado numa fixidez e estabilidade perenes, o modelo paroquial está na cidade, mas sobre ela não exerce quase nenhuma influência. Existe um descompasso real entre pastoral paroquial e vida urbana. Uma paróquia de modelo tradicional é inofensiva na cidade. Não atrai o homem e a mulher da cidade porque não conhece o tecido das relações urbanas.[67] O grande erro é querer perpetuar um modelo rural de organização eclesial no complexo mundo da cidade. Contra essa tendência não faltam críticos.[68] E ao que parece, para a evangelização do mundo moderno, a paróquia terá de dialogar com o mundo da religião midiatizada.

Na teoria já se afirma que

> a paróquia urbana deve incentivar a descentralização, a pluralidade, a subsidiariedade, e promover a solidariedade e a comunhão ao redor de objetivos comuns e fundamentais, num espírito de serviço recíproco, que facilite a intercomunicação, a troca, a circulação de informação e recursos.[69]

---

[66] Cf. ANDRADE, D. R. Uma comunidade paroquial urbana. *Atualidade Teológica* 10 (2002) 97.
[67] Cf. COMBLIN, *Pastoral Urbana*, p.16-22. Aqui o autor mostra algumas características do tecido geográfico e social das cidades.
[68] "A paróquia é inerte, estável, paralisada pela burocracia eclesiástica que lhe impõe uma programação complicada. Não tem capacidade missionária. A figura patriarcal do vigário ocupa todo o espaço e deixa os leigos em estado de paralisia." COMBLIN, *Cristãos rumo ao século XXI*, p. 163.
[69] ANTONIAZZI, A. Princípios teológico-pastorais para uma nova reflexão da Igreja na cidade. In: ANTONIAZZI; CALIMAN, *A presença da Igreja na cidade*, p. 95.

Só falta completar que a paróquia urbana precisa abrir-se ao mundo da religião que hoje chega à casa dos fiéis por meio da televisão.

Já dissemos que o mundo urbano é polinuclear, descentralizado, dinâmico, onde cotidianamente ocorre a circulação humana entre diversos ambientes. A exigência eclesiástica de reduzir a vida religiosa dos fiéis ao seu contexto territorial, visando a uma administração sacramental burocrática, destoa completamente da dinâmica do mundo da cidade.[70]

Dessa maneira, a vida urbana

> [...] se caracteriza pela descentralização das atividades e pela formação de grupos monovalentes. Um cristão viverá em comunidade com tal grupo, irá à missa em tal igreja, que o atrai por sua vida litúrgica; buscará informações em tal instituto, que lhe dá respostas úteis; casar-se-á no santuário que lhe recorda os compromissos da família; buscará orientação de tal sacerdote etc. Não é de nenhum modo necessário que tudo se faça no mesmo lugar.[71]

Descentralizar o exercício do poder e alargar os horizontes da ação paroquial são as primeiras mudanças para se chegar a uma paróquia que seja evangelizadora. Essa descentralização também pode significar entender o modo como a religião que chega por meios das mídias pode auxiliar na vivência da fé.

A própria extensão territorial das paróquias não permite a integração pessoal entre o coordenador de paróquia e seus fiéis. É ilusório imaginar que uma paróquia, com milhares de habitantes, consiga atingir seus objetivos pastorais confiando simplesmente nas decisões do pároco e na assistência religiosa ordinária. O máximo que uma paróquia desse porte faz é continuar, sofregamente, a administração dos sacramentos a um grupo cada dia

---

[70] Cf. LIBANIO, *As lógicas da cidade;*..., p. 56.
[71] COMBLIN, *Teologia da cidade*, p. 243.

mais reduzido de fiéis. Cada vez menos pessoas estão interessadas em participar ativamente de sua paróquia.

O mundo urbano não quer compromissos. E não adianta simplesmente aumentar o número de paróquias, mesmo porque a Igreja não conseguiria ter padres suficientes para atendê-las. Para a Igreja, urge refazer profundamente as estruturas e os métodos de ação evangelizadora e pastoral das paróquias. Aqui entra a força da mídia evangelizadora, uma vez que desde o Concílio Vaticano II a Igreja acredita que a comunicação de massa é fator positivo para a manutenção da fé. O que hoje se torna pungente é que a fé, midiatizada, tem feito uma revolução no modo de compreender a religião e preocupa a Igreja se esta fé, que chega pela televisão, irá agregar fiéis ou desagregá-los da vida paroquial.

A ideia de paróquias funcionais e ambientais precisa ser amadurecida e viabilizada nos centros urbanos. Uma paróquia funcional leva em conta as necessidades das pessoas ao seu redor em vez de estabelecer um ritmo de assistência religiosa e espiritual incompatíveis com a realidade. Por exemplo: se a paróquia é uma igreja no centro da cidade, por onde passam pessoas o dia todo, não seria ideal uma Eucaristia no horário do almoço, com duração um pouco menor que as tradicionais missas do domingo à noite? E por que não a presença de um assistente espiritual (padre ou leigo preparado) para atender possíveis casos que recorressem à Igreja durante o horário do expediente comercial? Quando se pensa em paróquias ambientais, tratamos quase da mesma questão: oferecer ambiente religioso que possa ser para as pessoas deslocadas local de encontro consigo mesmas, ainda que longe de suas paróquias referenciais. Temos de ampliar o sentido de comunidade paroquial dentro do ambiente urbano, talvez ampliando a ideia de comunidade para dentro dos parâmetros virtuais. O mundo urbano exige personalização.[72] A mudança

---

[72] Cf. COMBLIN, *Vocação para liberdade*, p. 220.

estrutural supõe também uma nova relação com o leigo: ou este encontra espaço maduro de atuação e participação ativa, ou o processo pastoral das paróquias estará profundamente comprometido ao fracasso absoluto. Quem melhor que o leigo conhece a dinâmica da cidade e pode dialogar com ela, sobretudo por seu testemunho ético nos meios sociais?[73]

O sinal mais claro da apatia do leigo em relação a sua paróquia é a imensa mobilidade religiosa dentro do ambiente urbano, tanto em nível *ad intra* como em nível *ad extra*. Internamente, temos o descompromisso territorial com a paróquia. Além do desconhecimento real da existência de uma paróquia perto de sua casa, os leigos, não raro, elegem paróquias afetivas, onde irão dispor seu tempo de vivência religiosa. Externamente, assistimos ao êxodo religioso. Por meio de vasto material publicado, sabemos do crescimento progressivo de novas formas religiosas no mundo urbano. O "público paroquial", mesmo diante de aparente vitalidade, reduz-se a um grupo de católicos com formação religiosa tradicional.

Na cidade, o ser humano apresenta-se profundamente religioso, mas extremamente avesso ao domínio institucional. O aparecimento de novas religiões e a visibilidade de tendências religiosas, antes relegadas às sombras, são sinais claros da relativização do mundo religioso. É a prerrogativa da experiência religiosa sobre a instituição.[74] Essa ideia afirma que "o indivíduo não adere mais a uma religião institucionalizada, mas reduz a religião a um sentimento pessoal, íntimo, não acompanhado pela participação em comunidades ou instituições religiosas. Ao mesmo tempo, não deixa de rezar, ao menos ocasionalmente, e

---

[73] Cf. *Conclusões de Santo Domingo*, n. 97 e 103.
[74] Conforme o Censo 2010, somente 62% da população diz-se católica no Brasil. Vale a pena ressaltar que acontece um descrédito institucional, mas conserva-se, normalmente, a crença em Deus. Cf. MEDEIROS, K. M. Desafio do Catolicismo na cidade: pesquisa em regiões metropolitanas. *Magis* 1 (2002) 31-48.

de acreditar em Deus, quase sempre".[75] Tal constatação sociológica é a base das maiores preocupações da Igreja na cidade, que pretende, pelo uso da mídia, trazer de novo o fiel de volta às suas origens paroquiais. Mas não está a religião da mídia cultivando o espírito individualista da fé?

Talvez seja esta a grande conversão exigida: a paróquia precisa reencontrar a cidade, sentir-se responsável por ela, lutar por sua humanização e ao mesmo tempo estar preparada para acolher o novo fiel religioso, formado pelos meios de comunicação religiosa televisiva. Assim ela será profundamente evangelizadora. Já se fala de paróquias eletrônicas, não como substitutas da paróquia local, mas como opção de um fiel envolvido pela cultura midiática e que vive sua fé mediada pelas mídias.

No campo das mudanças da concepção pastoral encontra-se a ideia de estabelecimento de comunidades ambientais ou afetivas como medida possível de reencontro com a dinâmica de vida das cidades. Em outras palavras, é preciso viabilizar o projeto de construir "comunidade de comunidades".[76] As paróquias ambientais ou afetivas são concebidas como verdadeiras paróquias, mas respondem às necessidades dos diversos ambientes de uma grande cidade. Um diálogo com os meios de comunicação pode também fazer nascer a ideia de comunidades de interesse religioso virtualizadas.

Contudo, as paróquias ambientais supõem muito mais que o simples adaptar-se ao ambiente social de seu território. Nas cidades, o mesmo território geográfico pode acolher uma infinidade de realidades socioeconômicas e culturais, ou seja, ambientar a paróquia na cidade significa também descentralizá-la de seu

---

[75] ANTONIAZZI, A. As religiões no Brasil segundo o censo de 2000. *Magis* 1 (2002) 89. Veja também: ANTONIAZZI, Princípios teológico-pastorais para uma nova reflexão da Igreja na cidade, p. 83.
[76] Cf. *Conclusões de Santo Domingo*, n. 142. Também: *Diretrizes Gerais da Ação Evangelizadora da Igreja do Brasil 1999-2002*, n. 284-285. Toda referência às *Diretrizes Gerais da Ação Evangelizadora da Igreja do Brasil* neste trabalho tem como base o documento de 1999-2002.

aspecto meramente territorial. Uma paróquia ambiental só existe quando consegue traduzir-se na cidade como acolhedora de grupos de interesses afetivos e funcionais.

O mundo urbano é o mundo dos pequenos grupos de interesse afetivo e funcional.[77] Nem sempre o grupo afetivo está localizado na própria paróquia. Não raro, nas cidades, as pessoas se deslocam dos limites canônicos de suas paróquias para conviver e interagir com grupos de interesse de outros espaços eclesiais. Essa realidade obriga uma reestruturação das paróquias da cidade. A insistência em permanecer com pequenos feudos dentro da urbe não corresponde à dinâmica de movimento do mundo urbano. O grande desafio é conseguir criar, na cidade, uma interação frutuosa entre as paróquias, onde cada uma, em vez de oferecer tudo para todos, possa especializar-se em determinado tipo de atividade e atrair para si grupos de interesse que formem comunidades específicas.[78] Nesse sentido, as mídias também formam grupos de interesse, e as novas redes sociais podem ser uma resposta aos desafios paroquiais urbanos.

O importante é que a paróquia seja sempre um meio de aproximação com o ser humano da cidade. Esse ser humano, solitário e despersonalizado, tem o direito de ser acolhido na comunidade eclesial e nela encontrar espaço fecundo de realização pessoal e social. A paróquia ambiental vai até onde está o ser humano urbano, pois não centraliza suas ações numa matriz, mas multiplica seus espaços de irradiação, com bases missionárias nas ruas e condomínios. A paróquia ambiental é como fermento na massa. O ideal eclesial seria unir o ideal da humanização paroquial na cidade apoiado num projeto de mídia religiosa que, mais do que manter um ambiente religioso individualizado, fosse capaz de atrair de novo o fiel à sua vida paroquial. Pergunta-se: que paróquia surgirá quando o centro da fé se torna a televisão?

---

[77] Cf. COMBLIN, *Pastoral Urbana*, p. 33-36.
[78] Cf. ANTONIAZZI, As religiões no Brasil segundo o censo de 2000, 106.

CAPÍTULO 2

Evangelizar as cidades

Dentro de nossa perspectiva de entender o potencial evangelizador das mídias de massa – destaque para a televisão – no mundo urbano, e tendo como pano de fundo o modelo paroquial católico, nem sempre afeito ao mundo das transformações culturais midiáticas, temos que agora entender o que seja de fato "evangelizar". A clareza deste conceito neste trabalho é que vai nos apoiar na discussão sobre o potencial evangelizador da mídia, tanto no que ser refere ao seu aspecto positivo como no que se refere à crítica saudável aos mecanismos midiáticos da fé. Segundo a encíclica do Papa Paulo VI *Evangelii Nuntiandi*, a Igreja existe para evangelizar.[1]

Entretanto, o conceito de "evangelização" não é unívoco na Igreja. Podemos dizer que cada "cenário" de Igreja apresenta sua própria definição do que seja evangelizar.[2] Neste trabalho o conceito de evangelização toma como ponto de partida as intuições do Concílio Vaticano II e as *Diretrizes Gerais da Ação Evangelizadora*, documento oficial da Conferência Nacional dos Bispos do Brasil. Desse modo, o trabalho dialoga com a visão oficial da instituição católica. Desses dois referenciais eclesiais definimos o conceito de "evangelização", cujo fim último é testemunhar a pessoa de Jesus Cristo e seu projeto redentor. O Cristianismo

---

[1] *Evangelii Nuntiandi*, n. 14.
[2] Cf. LIBANIO, J. B. *Cenários de igreja*. São Paulo: Loyola, 1999. Aqui o autor apresenta quatro cenários eclesiais que convivem e interagem neste começo de milênio: o institucional, o carismático, o da pregação e o da práxis libertadora.

apresenta-se ao mundo como a religião do anúncio de uma pessoa e como esta pessoa – Jesus Cristo – pode transformar a existência do homem.

1. Igreja e evangelização

Atualmente, *grosso modo*, assistimos a um duplo movimento de evangelização: primeiro, aquele que nasceu da inspiração da Igreja em buscar o diálogo com o mundo moderno, procurando responder aos anseios do homem instalado num mundo secularizado e plural. Este *modus procedendi* de evangelizar nasce das aspirações do Concílio Vaticano II e encontra sua síntese teológico-pastoral no belíssimo documento pontifício *Evangelii Nuntiandi*, de Paulo VI.

Dessa perspectiva evangelizadora brotou o dinamismo das Conferências Episcopais, cujas preocupações estavam centradas nas Igrejas locais dos vários continentes. Na América Latina, tivemos em Medellín (1968) e Puebla (1979) a aplicação concreta desse modo de levar a Boa-Nova de Jesus Cristo a todos os povos. No Brasil, a síntese dessa proposta ancorou-se na elaboração e execução dos programas de pastoral de conjunto organizados pela CNBB, cuja marca mais dinâmica são as *Diretrizes Gerais da Ação Evangelizadora*,[3] que propõem um trabalho evangelizador a partir do método ver-julgar-agir.

Um segundo movimento evangelizador, que nasce do primeiro, dele retira preciosos elementos, mas configura-se teologicamente de maneira diversa, chamamos aqui de "Nova Evangelização".[4] Essa expressão significou a restauração de uma mentalidade ecle-

---

[3] Fique registrado que até o ano de 1994 as *Diretrizes* da CNBB recebiam o nome de *Diretrizes Gerais da Ação Pastoral na Igreja do Brasil*. A substituição do termo "pastoral" por "evangelizadora" quis responder aos apelos do projeto de Nova Evangelização do atual pontificado.

[4] Para uma breve análise crítica do projeto de "Nova Evangelização", veja: LIBANIO, J. B. *Igreja contemporânea;* encontro com a modernidade, p. 153-184.

sial que pensa primeiramente em suas estruturas internas antes de travar o fecundo diálogo com o homem da Modernidade.[5] A mais nítida diferença entre esses dois modelos de evangelização pode ser sintetizada na visão de Igreja na qual ambos estão assentados: o primeiro parte de uma eclesiologia Igreja-Povo de Deus, enquanto o segundo recupera uma visão eclesiológica de Igreja-comunhão dos fiéis. Aparentemente inócua, essa diferença teológica é responsável por toda a condução dos processos evangelizadores. Uma Igreja-Povo de Deus está sempre a caminho de um crescimento fecundo, confiando na participação dos iguais em atividades diferenciadas, enquanto uma Igreja-comunhão não admite nenhum tipo de conflito, buscando sua estabilidade em estruturas de poder centralizado.[6]

É preciso optar por um viés analítico e nosso critério será aquele consagrado como o mais viável para nossa realidade latino-americana e brasileira – este trabalho é porta-voz da tradição renascida no Vaticano II, que consagrou a Igreja como essencialmente evangelizadora, colocando ênfase particular na evangelização dos pobres.[7]

O Vaticano II foi momento de uma transformação profunda na Igreja, no modo como ela compreendia a si mesma e ao mundo no qual ela está inserida. Rompe-se o muro da separação radical com a mentalidade moderna. A cultura moderna, individualista e consumista, obriga a Igreja a optar radicalmente

---

[5] A expressão "Nova Evangelização" foi usada pela primeira vez pelo Papa João Paulo II na Polônia em 1981. Na América Latina, esta expressão apareceu pela primeira vez no encerramento da XIX Assembleia Geral do Celam, em 1983, na qual, ao tratar da necessidade de um projeto concreto de evangelização para a América Latina, o papa expressou-se nos seguintes termos: "A comemoração de meio milênio de evangelização terá seu significado pleno se for um compromisso [...] não de *re*-evangelização, mas sim de uma nova evangelização; nova em seu ardor, em seus métodos e em sua expressão". Cf. BOFF, L. *Nova Evangelização; perspectiva dos oprimidos*, p. 10. Veja também: ALMEIDA, A. J. Doze teses sobre a Nova Evangelização. *Revista Eclesiástica Brasileira* 222 (1993) 398.

[6] Cf. COMBLIN, J. *O Povo de Deus*, p. 13, 124-132.

[7] *Ad Gentes*, n. 5-6; 35. *Lumen Gentium*, n. 1-8.

pela vida e a lutar contra os novos ídolos do mercado e do indiferentismo religioso.

O Vaticano II assume um projeto de evangelização que privilegia três aspectos:

1. A partir do testemunho/pregação da Boa-Nova de Cristo,
2. Levar os homens a uma humanização plena,
3. Libertando-os de todas as amarras (estruturais e pessoais) que causam sua escravidão.

> Para a Igreja Católica, o Concílio Vaticano II transformou-se na maior façanha dos últimos séculos. Arrancou-a de um imobilismo defensivo diante das críticas da Reforma e da Modernidade triunfante. Lançou-a na aventura imprevisível do diálogo com esses seus dois maiores inimigos. E ela empreendeu esse diálogo com o coração aberto e destemido.[8]

Para a Igreja pós-Vaticano II, segundo a *Evangelii Nuntiandi*, é importante evangelizar os homens todos e todo o homem (dimensão antropológica, inculturada e ecumênica), mas, sobretudo, é necessário evangelizar a própria Igreja e os cristãos (*EN*, n. 14-15.20.52). Para esse intento, todos os cristãos são convocados como verdadeiros missionários (*EN*, n. 21), devendo usar os mais variados meios para a difusão da mensagem evangélica, desde a liturgia até os modernos meios de comunicação social, com o objetivo de fazer chegar aos homens, sobretudo aos mais pobres, a palavra da libertação (*EN*, n. 30.40-48).

Entre os avanços do documento ainda podemos citar a valorização dos leigos e o incentivo para a formação de uma Igreja ministerial (*EN*, n. 66.70.73), a percepção da vitalidade das Comunidades Eclesiais de Base, sobretudo no mundo urbano (*EN*, n. 58) e o desejo de adaptação da linguagem missionária à compreensão do homem moderno (*EN*, n. 63), esta última uma

---

[8] LIBANIO, *Igreja contemporânea;* encontro com a modernidade, p. 76.

necessidade urgente para sucesso de qualquer empreendimento evangelizador.[9]

Para os bispos latino-americanos, nas Conferências Episcopais de Puebla e Medellín, era claro que evangelizar não é uma atividade puramente doutrinal (ensinar um conjunto de verdades) nem somente litúrgica (administrar os vários sacramentos), mas, na extraordinária formulação de Paulo VI, é "Boa-Nova a todas as parcelas da humanidade, em qualquer meio e latitude, e pelo seu influxo transformá-las a partir de dentro e tornar nova a própria humanidade" (*EN*, n.18).

As Conferências Episcopais de Medellín (1968) e Puebla (1979) traduzem para a realidade latino-americana, não sem dificuldades e resistências, as aspirações da Igreja-Povo de Deus. A Conferência de Medellín foi chamada "Concílio Vaticano II da América Latina",[10] e o documento final da Conferência de Puebla chega a citar 45 vezes o documento *Evangelii Nuntiandi* em seu documento final. Aquilo que o projeto de evangelização pós-conciliar ansiava era agora "personalizado" em solo americano, num novo modelo de ser Igreja. Nascia a exigência de uma evangelização que fosse profundamente inculturada. Mais: uma evangelização inculturada que nascesse e se desenvolvesse a partir do mundo dos pobres e excluídos, cujos rostos foram longamente descritos em *Puebla* (n. 31-39) e cujas vidas se tornaram o centro do projeto de evangelização da Igreja latino-americana.

A insistência nas Comunidades Eclesiais de Base torna a evangelização um processo mais personalizado, popular, engajado, cultural, dinâmico, fecundo. Nesses pequenos grupos os pobres

---

[9] Para a questão da linguagem na evangelização do mundo urbano, ver: TEIXEIRA, Nereu de Castro. Comunicação social na Pastoral Urbana. *REB* 213 (1994) 163-171. Veja também: RUBIO, A. G. *Unidade na pluralidade;* o ser humano à luz da fé e da reflexão cristãs, p. 80.

[10] BRASIL, H. R. de L. Os 500 anos de evangelização na América Latina e seus desafios hoje. *REB* 206 (1992) 327.

são evangelizados "ao articularem reza e mutirão, Evangelho e realidade social, fé e luta do povo".[11]

"A Igreja deixa de ser uma instituição à margem da história latino-americana, que ficava na defensiva dos acontecimentos externos, transformando-se em protagonista histórica partindo da vida real, política, econômica, cultural e religiosa do povo dos pobres explorados."[12]

Já a Conferência de Santo Domingo (1992) opera uma mudança de orientação eclesial, com a substituição da temática da "evangelização dos pobres" pela centralidade da discussão sobre a "cultura moderna adventícia".[13] Um novo clima eclesial, que já tomava conta da Igreja Universal, agora é sentido na América Latina. A espiritualização da fé, simbolizada nos movimentos de origem pentecostal, sufoca de par em par uma Igreja libertadora. As mídias católicas, na sua maioria, são porta-vozes desse momento religioso, onde a profética palavra libertadora dá espaço às expressões emocionais da fé e manifestações populares de devoção. Disso falaremos adiante.

1.1. As "diretrizes" para a evangelização da Igreja no Brasil

A evangelização é uma referência de base na vida da Igreja. Ela indica o grau de vitalidade de nossas comunidades. No Brasil, já há algumas décadas, a evangelização se converteu no eixo central de todo trabalho pastoral.[14] Desde a fundação da Conferência Nacional dos Bispos do Brasil (CNBB), em 1952, e

---

[11] LIBANIO, Igreja contemporânea; encontro com a modernidade, p. 135.
[12] DUSSEL, E. História da Igreja latino-americana (1930-1985), p. 68.
[13] Cf. BOFF, C. Para onde irá a Igreja da América Latina? REB 198 (1992) 275-286.
[14] "O planejamento pastoral na Igreja do Brasil já tem a sua história: percorreu um itinerário de mais de três décadas [...] abriu caminhos em meio a expectativas e vicissitudes, acertos e limitações. Contribui de maneira efetiva para configurar a nova identidade histórica da Igreja no Brasil num momento de particular criatividade e dinamismo eclesial." FREITAS, M. C. A Igreja do Brasil rumo ao novo milênio. Perspectiva Teológica 77 (1997) 22-23.

da Conferência dos Religiosos do Brasil (CRB), em 1954, a Igreja no Brasil foi construindo uma consciência colegiada diante dos desafios da evangelização no País.

O primeiro documento episcopal que recebe o nome de *Diretrizes Gerais da Ação Pastoral da Igreja no Brasil (DGAP)* aparece para organizar a pastoral brasileira no quadriênio de 1975-1979. Vivendo um período conturbado politicamente, essas diretrizes criam a unidade pastoral e apoiam o envolvimento da Igreja na defesa dos direitos humanos. As *DGAP* do quadriênio seguinte são gestadas sob o clima da ditadura militar. Explodem na Igreja do Brasil movimentos de contestação à ordem política ditatorial, ao mesmo tempo que ganham espaço os movimentos eclesiais de maioria leiga (movimentos litúrgicos, bíblicos e catequéticos, por exemplo). Os reflexos da Conferência de Puebla já são sentidos em solo brasileiro.

Os dois próximos quadriênios (1983-1986 e 1987-1990) conservam a índole do documento anterior, mas resgatam o papel do leigo na ação missionária da Igreja. Outra novidade é a insistência sobre a crescente desigualdade social no Brasil, que gera ambientes altamente desenvolvidos e outros de desmesurada pobreza. Somente na sua edição para o advento do Novo Milênio é que as *Diretrizes* mostram a preocupação com a Modernidade e os valores adventícios (pluralismo religioso, individualismo e indiferentismo religioso), além da preocupação com a pastoral nos centros urbanos.

Essa nova perspectiva vem como resultado das reflexões da encíclica *Redemptoris Missio*, de 1990. Como resposta, o documento sugere a valorização da subjetividade e a personalização dos compromissos missionários, a vida comunitária e a visibilidade da Igreja na sociedade urbana moderna.[15] Os meios

---

[15] Cf. AMADO, W. Preparação das *Diretrizes Gerais da Ação Pastoral da Igreja no Brasil (1991-1994)*. REB 200 (1990) 955-963.

de comunicação, como amplificadores da fé, já aparecem como sinal positivo na evangelização do Brasil.

A riqueza das *Diretrizes* não está somente nos conteúdos que ela apresenta, mas, sobretudo, na dinâmica eclesial de construção deste material e de esforço por fazê-lo conhecido e aplicável. As *Diretrizes* são, assim, o "fruto de um grande mutirão de pessoas, de pastoralistas, de agentes inseridos nas comunidades. É, sem medo de dizê-lo, o documento que mais tem Brasil dentro de si. E também espírito eclesial e fraternidade".[16] Talvez por isso é que as *Diretrizes* são o melhor lugar para expor a presença e a preocupação da Igreja sobre os novos modos de evangelizar a partir das mídias.

> As diretrizes nos desafiam a olhar para frente, sem medo de renovar profundamente formas e prioridades da ação pastoral, que deve deixar de ser apenas um cuidado de "ovelhas" recolhidas no redil para se tornar anúncio e testemunho do Evangelho nos diversos ambientes de uma sociedade sempre mais complexa e dinâmica.[17]

As *Diretrizes Gerais da Ação Evangelizadora do Brasil* carregam um conceito de evangelização cuja raiz está fixada no Vaticano II e nas Conferências Episcopais Latino-Americanas. Para a Igreja, os grandes temas da evangelização ainda são a inculturação e o ecumenismo, ao redor dos quais giram todos os outros desafios eclesiais. Finalmente, as *DGAE* reforçam a ideia da participação de todos os batizados, em seus diversos ministérios e carismas, na obra da evangelização.

Podemos dizer que evangelizar significa essencialmente fazer o que Jesus fez: por palavras e ações expressar o amor misericordioso e compassivo para com todos, em especial os pequenos,

---

[16] CANSI, B. Imagens de Cristo nas *Diretrizes Gerais da Ação Evangelizadora da Igreja no Brasil (1995-1998)* e as novas práticas. REB 224 (1996) 878.
[17] ANTONIAZZI, A. Novidades nas *Diretrizes Gerais da Ação Evangelizadora da Igreja no Brasil (1995-1998)*. Vida Pastoral 184 (1995) 8.

os pobres, os mais necessitados e esquecidos de nossa sociedade injusta e excludente. Na tarefa de evangelização, a Igreja é sempre meio e nunca fim em si mesma.[18]

O grande anúncio da Igreja é sempre a pessoa de Jesus Cristo, não como alguém que dita normas e regras de conduta, mas como alguém que quer a profunda humanização das pessoas. A opção missionária da Igreja conjuga, assim, o anúncio da Boa-Nova do Cristo com a promoção da vida humana em todos os seus níveis. A iniciativa salvífica é de Deus e abre-se espontaneamente a todo ser humano que dele queira aproximar-se. Aqui, evangelizar é esclarecer os homens dessa verdade profunda, ou seja, levá-los a um compromisso de amor com Deus que já os salvou e os quer plenamente realizados desde este mundo. A evangelização "deve caracterizar-se por uma ação que procure superar os elementos negativos presentes na grande cidade: o individualismo, a violência, a alienação, a miséria".[19]

Para o homem no mundo urbano, de quem os valores mais profundos são sequestrados continuamente pela voracidade do mundo moderno, a Igreja instalada na cidade precisa ter uma resposta acolhedora às suas crises pessoais e sociais. E como fazer com que a religião que nasce das mídias e invade as cidades seja de fato uma religião evangelizadora e não mantenedora de valores arcaicos e devocionais? Para que ocorra a inserção nos contextos humanos concretos, a Igreja precisa reconhecer a variedade dos contextos culturais nos quais os seres humanos hoje convivem. Para tanto, a palavra-chave da evangelização é a inculturação. Uma verdadeira evangelização inculturada "supõe o reconhecimento de que não conhecemos ainda o Cristo em plenitude. Assim, cada cultura é chamada a dar sua colaboração na descoberta, interpretação e realização da evangelização, enriquecendo a pró-

---

[18] Cf. BRASIL, Os 500 anos de evangelização na América Latina e seus desafios hoje, p. 336.
[19] Cf. STRINGHINI, P. L. O Reino de Deus é dos pobres. *Vida Pastoral* 165 (1992) 21.

pria Igreja com a descoberta de valores não conhecidos, ou não suficientemente assumidos".[20] Inculturar-se reveste da necessidade de conhecer a chamada "nova ambiência midiática", a cultura das mídias, e nelas e por meio delas proclamar a Boa-Nova de Jesus. A Igreja na cidade está preparada para tal desafio? As paróquias poderão ser porta-vozes dessa nova etapa da fé?

A Igreja parte sempre do *serviço* ao outro como característica primeira de seu dinamismo missionário. Por essa diaconia gratuita, alegre e qualificada, a Igreja testemunha sua convicção de que a mensagem evangélica é capaz de produzir frutos de libertação social num mundo invadido por discursos e ações individualistas e egocêntricas. Aberto o caminho de encontro com o diverso, pelo diálogo, a Igreja passa para o *anúncio* daquilo que ela acredita ser a mensagem válida para a transformação das relações entre os homens, ou seja, a Boa-Nova de Jesus Cristo. Sua intenção não é parte de um anseio proselitista, mas antes um ideal humanizador: ela anseia que homens e mulheres descubram um verdadeiro caminho que possibilite a realização plena da existência humana.

Caso esse anúncio explícito alcance os ouvidos e corações das pessoas, a Igreja terá agora a tarefa de organizar grupos e comunidades em que essas pessoas possam desenvolver seu potencial humano e cristão. Fazer a *comunhão* entre aqueles atraídos pelo Cristo é o quarto passo de um processo missionário ideal. Em comunhão fraterna, cada pessoa será capaz de oferecer ao Reino seus talentos e qualidades, na profunda relação com o próximo (*koinonia*), tornando-se ela mesma um canal missionário (*EN*, n. 21). Comunidades vivas são o ideal da evangelização da Igreja. Nas comunidades, todos os desafios e as alegrias do seguimento ao Cristo serão experimentados. A partir dessas bases eclesiais, na medida em que testemunharem verdadeiro dinamismo de

---

[20] AGOSTINI, N. Evangelização na Igreja do Brasil (a vitalidade pós-Vaticano II). *Vida Pastoral* 158 (1991) 18.

vida é que a Igreja poderá ser servidora do próximo sofredor, reiniciando o ciclo da evangelização.

Apesar da progressiva secularização da sociedade brasileira (e latino-americana), o quadro humano, mesmo nas cidades, mostra que as pessoas ainda buscam respostas no campo religioso. A percepção da explosão de comunidades religiosas alternativas deveria despertar a Igreja para a abertura de sua postura eclesial, a não ser que ela queira permanecer estática num mundo que exige o movimento. O pluralismo religioso obriga a Igreja a rever seus métodos e estruturas de evangelização na cidade. As pessoas na cidade continuam a buscar Deus, a religião volta com força ao cenário urbano. Por que, então, as comunidades católicas estão cada vez mais esvaziadas, ou, pelo menos, cada vez mais cheias de cristãos preocupados unicamente com sua satisfação subjetiva? Qual o papel das mídias nesse processo? Elas têm favorecido a Igreja comunhão ou a Igreja subjetiva?

A cultura moderna, evasiva e em constante reformulação, é a cultura da técnica em detrimento da pessoa. O importante é a novidade, a superação incessante do considerado arcaico, a criatividade expressa em artigos inúteis, produzidos para um consumismo vazio.[21] É a cultura dos pequenos grupos de interesse e das unidades culturais mais extravagantes.[22] A chamada Pós--Modernidade nasce com os vícios da Modernidade e traz outros desafios ainda maiores para o campo da evangelização cristã: o individualismo exacerbado, o subjetivismo narcisista ancorado no relativismo ético, o hedonismo consumista, a busca frenética pelo novo a cada instante e a ausência de compromissos com o semelhante.[23] O ícone da Pós-Modernidade é, certamente, a tela de um computador. Na verdade, a religião nada mais é que um espaço

---

[21] Cf. LIBANIO, J. B. *As lógicas da cidade;* o impacto sobre a fé e sob o impacto da fé, p. 95.
[22] Cf. COMBLIN, J. *Pastoral Urbana;* o dinamismo na evangelização, p.11-15.
[23] Cf. ANDRADE, Paulo F. C. A condição pós-moderna como desafio à pastoral popular. *REB* 209 (1993) 99-113.

que pode possibilitar a identificação num ambiente urbano que despersonaliza completamente o ser humano. É a busca pela "ubicação" perdida na selva de pedra. Nas palavras de J. B. Libanio, "há uma busca de experiências que tragam consolo, tranquilidade, paz no meio desse mundo agitado, estressante. As pessoas vivem angustiadas [...] e buscam, então, experiências espirituais que as ressuscitem, as abram para horizontes mais amplos".[24]

Entretanto, essas experiências são "reduzidas a uma convicção interior, pessoal, uma religião invisível, que abandona totalmente ou em parte as práticas comunitárias". A essa religião individualista some-se o fenômeno do trânsito religioso, tão comum no mundo urbano. A religião é escolhida ou abandonada não sob a pressão social ou da tradição, mas a partir da experiência pessoal vivida.[25] A Igreja ainda pode ser vista como referência do sagrado, mas a participação é subjetiva, não eclesial. Essa constatação cabe perfeitamente para o mundo da religião midiática, via televisão, rádio ou internet. Daí a relevância deste estudo e a pergunta fundamental: poderá a religião das mídias promover e renovar a vida da Igreja-comunidade inserida na estrutura paroquial urbana? Ao que parece, a Igreja começa a perceber que evangelizar, por meio das mídias e na cultura urbana, é mais o estar com o outro do que proclamar verdades.

2. Evangelização e novas mídias

Alicerçado nosso conceito de evangelização com bases eclesiais palpáveis, passamos a olhar a interferência das novas mídias no processo de evangelização das cidades, tendo como pano de fundo a existência de uma nova cultura, chamada midiática, que

---

[24] LIBANIO, *Cenários de Igreja*, p. 50-51.
[25] "As pessoas parecem ser facilmente conformistas e levadas de um lado para outro, pela moda, pela última influência que receberam, pela existência de comunicação de massa [...] drama social que se pode notar também no campo religioso." ANTONIAZZI, A. As religiões no Brasil segundo o censo 2000. *Magis* 1 (2002) 101.

tem transformado o modo de o ser humano relacionar-se com o outro, ou seja, a cultura midiática instaura uma nova ordem mundial e interfere necessariamente no modo como a Igreja pretende falar da Boa-Nova do Evangelho na cidade grande. A ambiência midiática abala ainda mais a estrutura paroquial urbana e provoca a reflexão sobre o modo organizacional com o qual a Igreja dialoga com o mundo urbano.

Não mais se discute que o ser humano na cidade é religioso. Ele o é. Talvez não seja mais afeito à institucionalização da fé, mas o mercado religioso é cada vez mais amplo e atraente. Muito já se falou do "supermercado" da fé na cultura urbana midiatizada.[26] O processo de secularização crescente não parece sufocar o gosto humano pelo sentido espiritual de sua existência, mas afeta de modo voraz as instituições religiosas. Emerge da cultura urbana secularizada e midiatizada um Catolicismo do tipo "do it yourself". As bases comunitárias da fé se abalam e, aparentemente, as mídias, mesmo quando têm referencial católico, parecem não colocar como primazia o retorno à comunhão eclesial, mas reproduzem a cultura da religião subjetiva e emocional.

No mundo das novas linguagens midiáticas, o uso da internet, como local de elevar as lâmpadas da fé, é inegável. A Igreja não pode abrir mão do uso de nenhuma nova ferramenta de mídia se quiser falar de sua mensagem com o homem na cidade. A Igreja precisa amplificar a mensagem do Evangelho, sua natureza institucional passa por este imperativo. Mas isso não é tudo, uma vez que a questão não e só do uso de ferramentas, mas de compreensão da ambiência midiática atual, e nesse ponto a Igreja ainda não fez a sua aposta, ainda que o Papa João Paulo II, na sua encíclica missionária *Redemptoris Missio* (n. 27), tenha conclamado com ênfase que "o primeiro areópago dos tempos modernos é o *mundo das comunicações*, [...]. Não é suficiente, portanto, usá-los para

---

[26] Cf. BABIN, Pierre. *Mídias, chance para o Evangelho*, p. 18.

difundir a mensagem cristã [...] é necessário integrar a mensagem nesta 'nova cultura', criada pelas modernas comunicações [...]".

> [...] é capital para a Igreja pôr na rede não somente sua doutrina [...], mas antes de tudo – por meio do som, da imagem, do grafismo e da interatividade – a presença vivificante de Cristo. Se a Igreja não estiver na internet, ela ficará cortada do sentido da história, renegará seu espírito, que é o da comunhão universal.[27]

A Igreja usa os instrumentos da Modernidade, mas tem ainda receio de abrir mão de algumas de suas estruturas de pensamento. Aqui se estabelece o paradoxo: fala-se muito da comunicação para evangelização, mas na prática pouco se desenvolve para estabelecer uma nova linguagem evangelizadora para a cidade e o mundo paroquial urbano. Ela ainda não consegue entender que o caso não é colocar a mídia a favor da Igreja, mas transformar a Igreja em mídia evangelizadora.[28] A problemática não está somente no uso dos meios, mas na mudança mesma de compreensão que a Igreja tem de seu potencial evangelizador. Toda a Igreja, sua tradição, doutrinas, sacramentos, liturgias, enfim, tudo nela precisa se converter num grande momento de expressão atrativa de fé. A Igreja, bimilenar, não pode mais querer fazer de suas propostas conteúdos para as mídias, mas ser ela mesma a grande mídia do Evangelho, encarnada e mergulhada na ambiência comunicacional moderna. Na expressão consagrada de McLuhan, o meio (a Igreja) é a própria mensagem (o Evangelho). A Igreja, e não somente seus conteúdos doutrinais e teológicos, precisa ser aceita como fonte de algo que seja válido para o homem urbano. Talvez por isso as fragilidades da Igreja, sobretudo nas questões

---

[27] BABIN, *Mídias, chance para o Evangelho*, p. 108.
[28] "Os dispositivos tecnológicos são apenas uma mínima parcela, a ponta do *iceberg*, de um novo mundo, configurado pelo processo de midiatização da sociedade. Estamos vivendo hoje uma mudança epocal, com a criação de um bios midiático que incide profundamente no tecido social." GOMES, Pedro G. *Da Igreja Eletrônica à sociedade em midiatização*, p. 24.

de ordem moral, atinjam tão profundamente seus alicerces. As pessoas são envolvidas pelo todo e não somente pelas partes.

Como, então, propor uma evangelização efetiva por meio das mídias (no caso, televisão) para a cidade sem cair no modismo da cultura do subjetivismo e individualismo moderno, mas ousando propor renovação de linguagem e estruturas da Igreja? O Papa Bento XVI, na declaração para o 45º Dia Mundial das Comunicações Sociais, do dia 5 de junho de 2011, assim declara:

> Comunicar o Evangelho através dos novos *midia* significa não só inserir conteúdos declaradamente religiosos nas plataformas dos diversos meios, mas também testemunhar com coerência, no próprio perfil digital e no modo de comunicar, escolhas, preferências, juízos que sejam profundamente coerentes com o Evangelho, mesmo quando não se fala explicitamente dele.[29]

A questão central é propor ao homem urbano, pelas mídias e na comunidade, a mensagem do Evangelho como impacto de vida, como algo que transforme a solidão e o isolamento emocional do homem na cidade em experiência de vida, de vida plena. A mídia religiosa, se de fato quer ser evangelizadora no sentido eclesial da palavra, precisa promover o reencontro do ser humano consigo mesmo, e necessariamente com o outro.

Mas a questão que se coloca ainda é se a

> evangelização, tal como é concebida pela tradição, comporta a utilização de meios eletrônicos como a televisão. Mais ainda, será que se pode falar em comunidade através da televisão? Tal como a televisão se estrutura hoje, somente se poderia falar de uma comunidade analógica, jamais em sentido pleno. Entretanto o contexto midiático, na sua complexidade, permite inferir que conceitos consagrados, como

---

[29] BENTO XVI. Mensagem para o 45º Dia Mundial das Comunicações Sociais, 5 de junho de 2011. Disponível em: <http://www.vatican.va/holy_father/benedict_xvi/messages/communications/documents/hf_ben-xvi_mes_20110124_45th-world-communications-day_po.html>.

"presença", "participação", "comunidade", estejam sofrendo uma mutação semântica e adquirindo novas significações.[30]

Talvez essa afirmação abra margens para que haja efetiva evangelização e compromisso eclesial impactado pelos meios eletrônicos. O certo é que a Igreja sabe que sua mensagem, transmitida pela televisão, tem de impactar para ser aceita e ser aceita para promover o compromisso eclesial e a perpetuação da instituição.[31]

3. Evangelho e mercado: marketing religioso?

Quando pensamos em introduzir uma nova linguagem para o posicionamento eclesial, caímos necessariamente nas estratégias do marketing.[32] Num mundo com opções diversas de religiões e espiritualidade, o método evangelizador da Igreja precisa ser mudado. As pessoas precisam se encantar com o Evangelho. Acontece que diante delas há um supermercado de opções. Por que as pessoas se encantariam pelo Catolicismo?

Esse encantamento vai nascer quando a Igreja ouvir as necessidades dos fiéis e se propor a saná-las. As mídias têm sido cada vez mais usadas pela Igreja com esse propósito. A linguagem da fé, no homem urbano moderno, precisa necessariamente ser emocional antes de ser racional, nasce antes no interior da casa e, ainda que precise conduzi-lo à comunidade eclesial, precisa convencê-lo de que somente na Igreja a mensagem assume sentido pleno. É preciso, para que tenhamos verdadeira evangelização na cidade, passar do emocional midiático para o organizacional eclesial, representado ainda pela paróquia. O Evangelho que foi um dia

---

[30] GOMES, *Da Igreja Eletrônica à sociedade em midiatização*, p. 47.
[31] Cf. BABIN, *Mídias, chance para o Evangelho*, p. 59-65.
[32] A linguagem do marketing católico foi introduzida no Brasil por Kater Filho, chamado de "papa" deste quesito. Cf. *Revista de Marketing Católico 1* (2001) 2-3. Em 1996, aconteceu no Brasil o I Encontro de Marketing Católico.

traduzido para línguas vernáculas exige agora uma tradução para uma nova mentalidade cultural.

Nas palavras do filósofo francês Pierre Babin, especialista em comunicação eclesial,

> o audiovisual, as conexões entre computadores, a internacionalização das marcas, a publicidade e o marketing, a pesquisa e o serviço pós-venda, a exigência de assistência e garantias internacionais modelam hoje nossa maneira de comunicar. Ter em conta esta mudança cultural e, depois do "batismo", fazer dela nosso modo de comunicar o Evangelho.[33]

O tema do marketing dentro da Igreja Católica, ainda que já seja usado, não tem aceitação tranquila.[34] Aos que julgam o marketing como salvador da fé, respondem os céticos com certa indiferença ou com argumentos que pretendem não reduzir a fé ao mercado capitalista de consumo.[35] O fato é que, num mundo urbano secularizado, as ferramentas do marketing,[36] aliadas ao processo midiático da fé, podem ser uma saída para que a Igreja ainda tenha alguma voz no meio da cidade.

Neste mundo marcado por mil vozes e mil propostas diferentes, não é de se estranhar que a Igreja também queira sua fatia no mercado das possibilidades. O modo de apresentar seu "produto" fará dele algo consumível ou não. A Igreja não pensa em mudar o conteúdo de seu anúncio, apenas procura "embalá-lo" de outra forma, para que seja distribuído com mais eficácia entre

---

[33] BABIN, *Mídias, chance para o Evangelho*, p. 120.
[34] Cf. ibid., p. 253.
[35] Jung Mo Sung, economista e teólogo, é um crítico do marketing religioso na medida em que tais ferramentas podem fazer da fé um produto a mais a ser consumido entre tantos outros produzidos pelo mercado do consumo atual. Cf. SOUZA, Lindolfo A. de. In: *Marketing católico e a crítica profética; desafios à ação evangelizadora*, p. 68-70.
[36] As palavras-chave do marketing são: relação desejo/necessidade, demandas, produtos, valor, custos, satisfação, troca, mercado e consumidores. Essas ferramentas foram desenvolvidas em conceito pelo "papa" do marketing, Philip Kotler.

os que respiram o ar da cultura urbana moderna. E pelos meios de comunicação de massa, conforme descreveremos com mais calma adiante, a Igreja encontra a forma privilegiada de falar ao público onde ele está, na sala de sua casa. A Igreja projeta-se em direção do destinatário, vai "ad extra".

> [...] a evangelização há de conter também sempre – ao mesmo tempo como base, centro e ápice do seu dinamismo – uma proclamação clara (a venda) que, em Jesus Cristo (o produto), Filho de Deus feito homem, morto e ressuscitado, a salvação (o benefício) é oferecida a todos os homens (o mercado), como dom da graça e misericórdia de Deus.[37].

Ao fazer uso das ferramentas do marketing por meio da comunicação de suas verdades, a Igreja pretende apresentar de forma clara aos fiéis o modo como ela entende o mundo a partir da revelação do Cristo. Essa opção nasce da constatação de que a religião transmitida por meio da paróquia tradicional acabou se tornando mero ritualismo sacramental, sem capacidade de atender as necessidades simbólicas e emocionais dos fiéis.

Como o consumidor da fé está mal assistido pela Igreja local, logo se impõe o imperativo da fé pela mídia, que ofereça o que não se oferece mais nas estruturas paroquiais: uma linguagem emocional e não simplesmente racional da fé. Nas palavras de Babin, "como as pessoas mudam e as circunstâncias se modificam, a paróquia ou organização religiosa deve adaptar-se, conformando seus 'produtos' e sua 'embalagem', mas permanecendo fiel à sua doutrina".[38]

Ainda que oficialmente haja parcas palavras da Igreja sobre o uso das ferramentas de marketing para promoção da evangelização,[39] o certo é que a instituição católica sempre acena

---

[37] GALVÃO, Antonio M. *Evangelização e marketing;* a ciência da administração a serviço da Boa Notícia, p. 148.
[38] BABIN, *Mídias, chance para o Evangelho,* p. 265.
[39] CNBB. *Igreja e comunicação rumo ao novo milênio;* conclusões e compromissos, n. 13. O texto oficial cita literalmente o uso positivo das ferramentas do marketing para a evangelização.

para os benefícios advindos pelo uso das ferramentas, mas não deixa de também acenar sobre os malefícios.[40] Tudo depende do modo como são utilizadas as ferramentas, ou seja, a decisão final é sempre de ordem moral e subjetiva. E nas instituições religiosas existe o risco de

> [...] apresentar as mensagens religiosas com um estilo emocional e manipulador, como se fossem produtos em concorrência num mercado ávido; usar os *mass media* como instrumentos para o controle e a dominação; promover um sigilo desnecessário ou então ofender a verdade; subestimar a exigência evangélica da conversão, arrependimento e emenda da vida, substituindo-a por uma religiosidade branda que exige pouco das pessoas; encorajar o fundamentalismo, o fanatismo e o exclusivismo religioso, que fomentam o desprezo e a honestidade em relação aos outros.[41]

Para a Igreja, o risco está justamente na base teórica da atual sociedade de consumo, na qual somos incluídos à medida que conseguimos nos integrar no mercado do desejado e não do necessário. Entretanto, pergunta-se se o Evangelho pode ser vendido a partir de lógicas mercantis capitalistas. Pergunta-se, mais propriamente, se a religião que chega ao fiel pelas mídias não tem sido apenas mais um produto de desejo e não uma mensagem de verdadeira "conversão", usando a terminologia teológica.

O certo, nas palavras de Maria Clotilde Sant'Anna, estudiosa das Ciências da Religião, é que

> a vivência religiosa transfigura-se, torna-se estilo de vida. Há seitas e religiões para todos os gostos e preferências, assim como no mercado de consumo se diversificam e complexificam a oferta e a demanda. A segmentação e a busca da individualização parecem uma prática de-

---

[40] Esta visão paradoxal da Igreja é muito clara na *Mensagem do Papa Bento XVI para o 45º Dia Mundial das Comunicações Sociais*, 5 de junho de 2011.
[41] CONSELHO PONTIFÍCIO PARA AS COMUNICAÇÕES SOCIAIS. Ética nas comunicações sociais. In: DARIVA, Noemi (org.). *Comunicação Social na Igreja*: documentos fundamentais, p. 239-240.

finitivamente incorporada por diferentes manifestações religiosas [...] Religiosidade, mídia e marketing passam e ter mais aproximação do que poderia supor a milenar ou contemporânea teologia.[42]

Para o marketing religioso, ainda que, segundo Kater Filho, a razão de sua existência seja a proclamação do "produto" evangélico chamado "salvação eterna",[43] existe a necessidade de "materializar" este produto, fazê-lo consumível e desejado. Além do mais, um anúncio marqueteiro da fé exigirá a presença nas mídias de massa e, é sabido, não é nada barato fazer comunicação. Para a sustentação de projetos chamados de evangelização, a Igreja precisa dispor de recursos, e necessariamente passa a vender mais que "salvação", passa a vender produtos de devoção. Esse mercado real e material movimenta muito dinheiro e cada vez amplia-se mais pelos meios eletrônicos da fé. Adiante iremos analisar o tênue limite entre proclamar o Evangelho e o comércio da fé. Guardemos tal ideia para o próximo capítulo.

---

[42] SANT'ANNA, Maria Clotilde. Cultura do consumo e práticas religiosas. In: SOARES, Afonso M. L. *A fé na metrópole; desafios e olhares múltiplos,* p. 340.
[43] "A Salvação é, indubitavelmente, o grande produto que a Igreja Católica Apostólica Romana tem para oferecer aos seus fiéis." In: KATER FILHO, Antonio Miguel. *O marketing aplicado à Igreja Católica,* p. 36.

CAPÍTULO 3
Igreja, televisão e evangelização

Apresentadas as bases de nosso trabalho – a saber: o mundo urbano, a realidade paroquial e o processo evangelizador da Igreja Católica –, resta agora olhar com mais acuidade o modo como a instituição católica encara o uso das mídias de massa para tentar alcançar sua audiência nesses contextos específicos: o homem urbano, de uma cultura urbana midiática e cada vez mais avesso ao tradicionalismo evangelizador da Igreja "ubicada" territorialmente na cidade. A Igreja procura a mídia para manter-se "presentificada" porque seu projeto organizacional da vida entra em crise na Modernidade e a Igreja não modela mais comportamentos humanos.

Segundo a pesquisadora da religião Brenda Carranza,

> [...] as instituições religiosas tradicionais [...] entram em crise por três motivos. Primeiro quando perdem a capacidade de comunicação de seu acervo [...], segundo por não interferir decisivamente na construção subjetiva do sentido dos fiéis [...] e terceiro porque não controlam mais o agir objetivo das pessoas.[1]

A secularização, estruturada na racionalização do mundo, na quebra do monopólio religioso e na separação das esferas estatais e religiosas, tenta impor-se como resposta aos problemas do homem. Entretanto, em virtude das raízes culturais do País, a matriz religiosa sobrevive e, ainda que não seja mais determinante, não desaparece do horizonte do ser humano ambientado na cidade

---
[1] CARRANZA, Brenda. *Catolicismo midiático*, p. 101.

midiatizada. E é nessa lacuna que a Igreja entende que pode e deve reintroduzir e recuperar sua presença, agora por meio dos meios de comunicação.

O campo de estudos seria vasto demais se não delimitássemos aqui algumas arestas, e fazemos, então, uma opção pelo olhar na mídia televisiva, não porque ela seja mais ou menos importante, mas porque de todos os modos midiáticos de comunicação de massa ela ainda continua sendo suprema nos lares brasileiros.[2]

A proposta deste terceiro capítulo começa por apresentar um breve histórico da relação da Igreja com as mídias de comunicação de massa, passa pela descrição rápida dos atuais canais de televisão católicos mais relevantes do País e depois apresenta uma série de indagações provocativas sobre o uso da televisão pela Igreja Católica, desde a programação das televisões até o profissionalismo na produção do conteúdo midiático.

Fala-se, mesmo, de um Catolicismo midiático entendido como um fenômeno que tenta reapresentar a fé católica à sociedade secularizada e utiliza para isso de meios específicos, como, por exemplo, "a geração de padres cantores que arrastam multidões para atividades formatadas num misto de liturgia e show".[3] Enfim, uma conclusão otimista pretende enxergar o ambiente midiático como possível extensão evangelizadora da paróquia, não a substituindo, mas ampliando seu espectro de atuação.

1. Igreja e comunicação de massa

O relacionamento da Igreja com os meios de comunicação nunca foi tranquilo. Considerados os pronunciamentos oficiais

---

[2] "No Brasil [...] 81% da população assiste à TV, sendo que 87,7% dos domicílios têm televisão. Calcula-se que o brasileiro assiste a 3,5 horas diárias, o que representa, *grosso modo*, um quarto de seu tempo útil [...] num país com altos índices de pobreza e baixos níveis de equipamentos públicos de educação, lazer e meios alternativos de informação a telinha constitua-se num hábito cotidiano e cultural da população brasileira." CARRANZA, *Catolicismo midiático*, p. 188.

[3] CARRANZA, *Catolicismo midiático*, p. 20.

referentes ao período do nascimento da imprensa, do cinema e do rádio, o cenário atual é extremamente positivo. Houve tempo em que a Igreja rechaçou completamente os meios de comunicação de massa e desaconselhava o bom cristão de qualquer aproximação com tais veículos. Anedótica frase é atribuída ao cineasta italiano Federico Fellini, que expressou o seguinte: "Quando o cinema surgiu, a Igreja disse que era coisa do diabo. Quando a Igreja descobriu que o cinema poderia ser de Deus, já era do diabo".[4]

Para apoiar nosso estudo, fazemos aqui uma breve descrição histórica do relacionamento da Igreja com os meios de comunicação de massa. Nosso corte metodológico parte da invenção da prensa por Gutenberg e a popularização dos materiais impressos. Isso posto, temos cinco grandes momentos do relacionamento da Igreja com a comunicação.

1.1. Primeiro período (1450-1879)

Esse longo espaço é determinado pela invenção de Gutenberg, em meados do século XV, e pela consequente difusão do livro, com tudo o que isso tenha significado. Tratou-se de uma revolução em termos tecnológicos e culturais. A Igreja Católica reagiu a essa revolução com uma atitude de defesa, às vezes até violenta. Não que os papas e as lideranças católicas não percebessem desde o início o valor e a significação da tipografia. Mas o contexto e a mentalidade eclesial os levaram a ver na imprensa apenas os perigos que ela comportava e os possíveis malefícios do seu mau uso.

Decorridos apenas trinta anos depois da impressão do primeiro livro – a Bíblia –, o Papa Inocêncio VIII já criava a censura prévia e impunha penas severas aos infratores. No final do século XVI, vigoravam normas gerais de leitura de livros e era criado o *Index*, com a lista de livros proibidos. Assim, temos a primeira

---

[4] Cf. SILVA, Maria das Graças e. *A Igreja e a evangelização pela TV*, p. 10.

fase caracterizada por um comportamento da Igreja orientado para o exercício da censura e da repressão.

1.2. Segundo período (1879-1957)

Com Leão XIII, o papa da encíclica *Rerum Novarum*, primeiro documento de doutrina social da Igreja, as coisas começam a mudar. Ainda que vigorasse a mentalidade da condenação de livros tidos como abusivos ou nocivos à fé e à doutrina, chega-se à ideia da "boa imprensa" criada para combater a outra, a "má imprensa". Leão XIII teve uma atitude inédita quando, em 1879, meses depois de eleito, concedeu a primeira entrevista coletiva de um papa a jornalistas profissionais. Foi feita em latim e consistiu num discurso do papa, sem perguntas dos jornalistas.

Com o Papa Pio XI, em 1936, veio a encíclica *Vigilanti Cura*, específica sobre o cinema, que naquela época já fazia sucesso e era a novidade e a moda. Antes, em fevereiro de 1931, o mesmo papa havia inaugurado a Rádio Vaticano. Ainda nesse período, destaca-se o Papa Pio XII (1939-1958), que produziu a encíclica *Miranda Prorsus*, de 8 de setembro de 1957, na qual a Igreja se mostra encantada diante dos "maravilhosos progressos técnicos de que se gloriam os nossos tempos". Esse documento fala explicitamente do cinema, do rádio e da televisão, que estava na sua aurora. Em termos de rádio, foi neste período, entre os anos 1950 e 1960, que surgiu a maioria das emissoras católicas.

Esta segunda fase demonstra mudanças profundas no modo de pensar da Igreja, caracterizadas pela aceitação desconfiada dos novos meios. O exercício do controle sobre a imprensa, a vigilância sobre o cinema e o rádio ainda marcaram a trajetória da Igreja na época. Entretanto, a sociedade, que se transformava rapidamente, impelia a Igreja a adaptar-se aos novos tempos: o comportamento eclesial sofre alterações e a Igreja começa a servir-se dos meios de comunicação de massa para a difusão das suas mensagens.

1.3. Terceiro período (1957-1980)

Inicia-se uma fase fértil, tanto porque as mudanças no mundo da comunicação se acentuam quanto porque a Igreja passa por uma grande renovação no Concílio Vaticano II (1962-1965). São papas nesse período João XXIII (1958-1963), Paulo VI (1963-1978) e o "showman" João Paulo II. Ainda que o Concílio Vaticano II tenha produzido um só documento explícito sobre comunicação – o decreto *Inter Mirifica*, de 4 de dezembro de 1963 –, e mesmo sendo este documento limitado na sua compreensão do conceito e processo de comunicação social, ele trouxe mudanças para a Igreja. As primeiras palavras desse documento conciliar resumem a mentalidade da Igreja ao dizer que

> Entre as maravilhosas invenções da técnica que, principalmente nos nossos dias, o engenho humano extraiu, com a ajuda de Deus, das coisas criadas, a santa Igreja acolhe e fomenta aquelas que dizem respeito, antes de mais, ao espírito humano e abriram novos caminhos para comunicar facilmente notícias, ideias e ordens. Entre estes meios, salientam-se aqueles que, por sua natureza, podem atingir e mover não só cada um dos homens, mas também as multidões e toda a sociedade humana, como a imprensa, o cinema, o rádio, a televisão e outros que, por isso mesmo, podem chamar-se, com toda a razão meios de comunicação social.[5]

Nesta terceira fase, o imperativo para a Igreja era acertar o passo e adaptar-se ao mundo contemporâneo. Apresenta-se a necessidade imperiosa de *aggiornamento* que emerge do Vaticano II. No campo da comunicação, dá-se uma mudança brusca de rota, e desponta um deslumbramento ingênuo. A Igreja assume a postura de que é preciso evangelizar utilizando os modernos meios de comunicação. Admite que a tecnologia da reprodução eletrônica possa ampliar a penetração da mensagem eclesial. Abre-se o leque para a comunicação eletrônica da fé.

---

[5] *Inter Mirifica*, n. 1.

1.4. Quarto período (1980-1990)

A característica desse período no campo da comunicação eclesial é o da "Igreja Eletrônica".⁶ Por esse termo entende-se o espetacular anúncio do Evangelho exclusivamente feito valendo-se dos meios eletrônicos. A pátria-mãe desse fenômeno não podia ser outra senão os Estados Unidos. Há condicionamentos de cunho sociopolítico, econômico e cultural para explicar o desenvolvimento desse tipo de ação. O certo é que não há como desconhecer esse fenômeno, seu alcance, seus métodos e suas consequências.

Deste período é a encíclica *Redemptoris Missio*, de 7 de dezembro de 1990, quando, pela primeira vez, aparece na reflexão eclesial não só a questão dos meios de comunicação, mas a da cultura midiática. Pela sua relevância, transcrevemos aqui o texto clássico que fala do mundo da comunicação social e a posição da Igreja. Nesse documento o então Papa João Paulo II assim se expressava:

> O primeiro areópago dos tempos modernos é o *mundo das comunicações*, [...]. Os meios de comunicação social alcançaram tamanha importância que são para muitos o principal instrumento de informação e formação, de guia e inspiração dos comportamentos individuais, familiares e sociais. Principalmente as novas gerações crescem num mundo condicionado pelos mass-média. [...] O uso dos mass-média, no entanto, não tem somente a finalidade de multiplicar o anúncio do Evangelho: trata-se de um fato muito mais profundo porque a própria evangelização da cultura moderna depende, em grande parte, da sua influência. Não é suficiente, portanto, usá-los para difundir a mensagem cristã e o Magistério da Igreja, mas é necessário integrar a mensagem nesta "nova cultura", criada pelas modernas comunicações.⁷

---

⁶ Cf. ASSMANN, Hugo. *A Igreja eletrônica e seu impacto na America Latina*, Vozes, 1986.
⁷ *Redemptoris Missio*, n. 37.

1.5. *Quinto período (1990-dias atuais)*

É o período da grande reviravolta da reflexão do Magistério eclesial em relação ao mundo da comunicação. É a época das novas mídias, das redes sociais, da internet, dos discursos sobre o papel da comunicação para a evangelização.

O olhar sobre as orientações oficiais da Igreja nos leva a perceber que na história dos documentos e pronunciamentos do Magistério, com respeito às comunicações sociais, ocorreu uma significativa evolução positiva. No que diz respeito a novas mídias, a Igreja começa a expressar-se com mais clareza a respeito do impacto que elas têm na construção social, tanto que a Igreja passa a refletir sobre a comunicação não mais de forma restrita ou somente como "meios" ou "instrumentos" a serem usados ou dos quais precaver-se. A Igreja passa a referir--se a um "ambiente midiático", no qual estamos imersos e do qual participamos.

Neste ambiente imerge a sociedade contemporânea num espaço midiatizado, virtualizado, digitalizado. O tempo real desaparece. A nova ambiência cultural é extremamente urbana nos seus conceitos renovados de tempo e espaço, conforme descrito no capítulo um. No centro da nova cultura humana está o desejo, a subjetividade, os desejos e as emoções. Da nova ambiência midiática nasce uma nova cultura, a cultura midiática, pois a comunicação se apresenta progressivamente como elemento articulador da sociedade. Para a Igreja, essa ambiência traz desafios que ultrapassam o "uso" da tecnologia e tocam a esfera da cultura e da questão ética.[8] Mas a Igreja é otimista e "[...] segue com atenção tal processo e tem consciência de sua relevância epocal. Reconhecendo e ajuizando-se as possibilidades presentes na mídia, a Igreja impregnou-se de seu uso (e, portanto,

---

[8] Cf. PUNTEL, Joana. Novo cenário contemporâneo. In: BRIGHENTI, Agenor. *Pastoral Urbana*; categorias de análise e interpelações pastorais, p. 255.

entende que cultura midiática e evangelização são duas realidades conciliadoras)".[9]

O otimismo eclesial pode ser visto concretamente pelo investimento cada vez mais efetivo da Igreja em canais de televisão, como instrumentos de evangelização que, atingindo grande parcela da população, são eficazes ferramentas para a evangelização dos centros urbanos, onde a cultura midiática e a ambiência secularizada afastam as pessoas da fé.

2. Igreja e mundo televisivo

A descrição da reflexão da Igreja sobre a comunicação deixa claro que hoje, mais do que nunca, esta instituição está disposta a mergulhar no mundo da cultura midiática para ampliar as possibilidades de proclamação de suas verdades. Obviamente, a manutenção do espírito do Catolicismo na sociedade significa também a presença de sua força institucional – daí nasce o investimento de forças econômicas, pessoais, e a influência na construção de sua ação comunicadora. Os meios de comunicação de massa são para a Igreja reforço de sua mensagem no mundo cada vez mais secularizado, promoção do possível encontro com sua mensagem de fé por aqueles que ainda não a conhecem e, sobretudo, espaço de manutenção de sua força institucional e política.

Vemos que o envolvimento da Igreja com a mídia não é coisa nova, ainda que possamos dizer que nas últimas décadas houve uma invasão do fenômeno religioso nas mídias, de modo muito específico na mídia televisiva. Esse encontro da religião com a televisão, de forma sistemática e organizada, faz com que o fenômeno da "Igreja Eletrônica"[10] seja hoje objeto de atenção da

---

[9] MENDES, Gildasio. Um novo olhar para os tempos. In: BRIGHENTI, *Pastoral Urbana;* categorias de análise e interpelações pastorais, p. 221.

[10] "Igreja Eletrônica é aquela que usa os dispositivos, aparelhos e parafernália eletrônica (recursos eletrônicos) para atingir seus fiéis ou ao público presente, em

hierarquia, e aqui no Brasil o terreno desta "midiatização" da religião católica é amplo e fértil.

Reforçando essa ideia, Paulo Gasparetto afirma que

> A televisão virou a grande mediação sociotécnica de nossos dias, com seu grande potencial de significação cultural, social e psicológica, além, é claro, de suas manifestações econômicas e políticas, que acabam se tornando uma grande oportunidade, para os diferentes campos sociais, de modo especial o religioso, de visibilizar e legitimar suas ações diante da sociedade.[11]

Padre Tiago Alberione, fundador da Família Paulina[12] e grande incentivador da comunicação social na Igreja, já dizia, no começo do século XX, que, "se os homens não vão mais à Igreja, a Igreja deve ir até eles, entrando em suas casas com a mensagem do Evangelho".[13] Hoje a Igreja Católica, como veremos neste capítulo, já está disponível com sua mensagem dentro da casa das pessoas, mas são muitas as perguntas que surgem sobre esta evangelização via meios eletrônicos.

A grande pergunta que se faz, dentro e fora da Igreja, é: Que tipo de religião pode nascer da fé exposta pelas mídias televisivas? Existe a possibilidade de uma política de comunicação televisiva da Igreja? A primeira resposta poderia ser positiva, mas, como veremos adiante, há variedade de propostas e interesses entre as mídias televisivas católicas no Brasil, nem sempre convergentes e, às vezes, diretamente conflitantes.

---

assembleia ou em seus lares, em substituição à tradicional obrigação de presença física nos templos." GOMES, Pedro Gilberto. *Da Igreja Eletrônica à sociedade em midiatização*, p. 43.

[11] GASPARETTO, Paulo. *Midiatização da religião; processos midiáticos e a construção de novas comunidades de pertencimento*, p. 89.

[12] Grupo religioso com carisma dedicado à comunicação social, formado por cinco institutos religiosos principais, dos quais se destacam os padres Paulinos e as irmãs Paulinas.

[13] Cf. SILVA, Maria das Graças e. *A Igreja e a evangelização pela TV; como preparar programas de TV*, p. 7.

Também é preciso dizer que a Igreja Católica, dentre todas as denominações religiosas do Ocidente, é aquela que mais refletiu sobre comunicação, mas paradoxalmente é a que mais tem dificuldades de mergulhar na nova ambiência midiática e fazer uso efetivo das novas ferramentas de comunicação. O que ocorre, como já foi dito, é a grande desconfiança que esta instituição tem acerca dos meios, como fica patente nesta fala de Dom Ivo Lorscheider, bispo católico que nos fins da década de 1970 era secretário-geral da Conferência Nacional dos Bispos do Brasil, recolhida da revista *Renovação* de setembro de 1977 e citada por Maria das Graças Silva. Assim, em 1977, para Dom Ivo Lorscheider,

> a Igreja, frente ao momento marcado pela revolução dos meios de comunicação social, sente-se desafiada a pegar ou largar. Se pegar, está entrando num dos mais corruptos, falsos e prostituídos mundos que se tem conhecimento. Estará, porém, levando ao mundo a mensagem através de uma mensagem atualizada.[14]

A Igreja resolveu "pegar" e passou a enfrentar o universo televisivo com cada vez mais profissionalismo e qualidade, mas, como veremos, está muito aquém do ideal dos usos do meio e compreensão da ambiência midiática atual. Quando um padre, ou bispo, ou leigo, apresenta-se por meio da TV, ainda está preocupado com o conteúdo e a posição doutrinal da Igreja e esquece que a linguagem televisiva é emocional, donde seu poder hipnótico. A Igreja consegue comunicar muito pouco "porque fala ao grande público como uma linguagem desconhecida a seu destinatário".[15]

A Igreja Católica apresentou-se como voz midiática pela primeira vez em 1930, nos EUA, com a presença do Bispo Peter John Sheen (1895-1979), que mudou o nome para Fulton Sheen,

---

[14] Cf. ibid., p. 9.
[15] Cf. ibid., p. 43.

com o programa radiofônico *The Catholic Hour*. Em 1952, ele seria também pioneiro na televisão com o programa *Life is Worth Living*. Seu sucesso televisivo se devia à sua postura e dicção perfeitas para o meio televisivo. Em 1957, pressionado pelo Cardeal Spellman, de Nova York, foi obrigado a abandonar a televisão. Fulton pode ser considerado o primeiro *popstar* católico.[16]

Desde então multiplicaram experiências televisivas do Catolicismo, umas mais, outras menos bem-sucedidas. Aqui no Brasil, a primeira emissora católica foi a TV Difusora de Porto Alegre, dos frades Capuchinhos. Coube a eles o mérito de fazer a primeira transmissão em cores da TV brasileira, a Festa da Uva de Caxias do Sul em 1972. Atualmente, o canal pertence ao Grupo Bandeirantes. Outra emissora católica pioneira, mas quase desconhecida, é a TV Pato Branco, dos Franciscanos, no Paraná, que hoje retransmite a programação da Rede TV de São Paulo.

2.1. Canais de televisão de orientação católica no Brasil

Pensando em sistematizar nossa reflexão, apresentamos uma breve descrição sobre os quatro principais canais de orientação católica no Brasil. Destaca-se, já de início, que nenhum deles pertence exatamente à Igreja Católica, mas são administrados por grupos cujos objetivos estão ligados à experiência católica. Também são ainda escassas as pesquisas e estudos sobre a televisão católica no Brasil, de modo que nossas reflexões tornam-se limitadas quanto ao alicerce bibliográfico. De qualquer modo, vamos descrever aqui sinteticamente quatro emissoras. São elas: Rede Vida de Televisão, TV Canção Nova, TV Século XXI e a mais nova delas, a TV Aparecida. Como se verá, suas propostas são distintas, desde a concepção de programação até o modo de sustentação financeira.

---

[16] Cf. GOMES, *Da Igreja Eletrônica à sociedade em midiatização*, p. 64-65.

2.1.1. TV Rede Vida

No dia 1º de maio 1995 inaugurava-se a Rede Vida de Televisão, chamado de primeiro canal católico brasileiro de concessão comercial. Sua sede está em São José do Rio Preto, no interior de São Paulo, ainda que possua também uma sede produtora na capital paulista. Seu crescimento nacional contou com apoio institucional da Conferência Nacional dos Bispos do Brasil (CNBB) e com apoio financeiro das dioceses do Brasil, que financiaram as estações de retransmissão e facilitaram a aquisição de outorgas no Ministério das Comunicações.

O teólogo João Carlos de Almeida, citando um discurso de João Monteiro Neto, um dos executivos da Rede Vida, descreve que, segundo orientação jurídica, somente a concessão de funcionamento pertence à família Monteiro, e tudo na Rede Vida pertence de fato ao Instituto Brasileiro de Comunicação Cristã (Inbrac).[17] No discurso formal, a Rede Vida continua se apresentando como a TV da Igreja Católica no Brasil, ainda que na prática sua programação não reflita necessariamente tal discurso. Segundo pesquisas atuais, a Rede Vida cobre praticamente todo o território nacional, com 325 retransmissoras, além dos sinais via parabólicas e canais a cabo e DTH (*direct to home* = direto para casa).[18] A mesma pesquisa ressalta o caráter tradicional do Catolicismo apresentado pela Rede Vida, onde a hierarquia se sobrepõe ao ambiente laical.

A sustentação financeira do canal é gerada por meio de publicidade e não subsidiada por doações. Isso explica a grade de sua programação, cujos espaços são vendidos para empresas de vendas de objetos de consumo, como joias e tapetes, além da venda de espaços para iniciativas eclesiais, como o ocupado hoje pelo Santuário do Divino Pai Eterno, em Goiás.

---

[17] Cf. ALMEIDA, João Carlos de (org.). *Imagem e semelhança de Deus na mídia*, p. 159.
[18] Cf. ARAÚJO, Marlson Assis de. Os ambientes midiáticos produzidos pelo catolicismo na televisão. *Lumen e Virtus*, v. II, n. 4, p. 103, maio 2011.

2.1.2. TV Canção Nova

A TV Canção Nova é parte do chamado Sistema Canção Nova de Comunicação (SCNC). É uma TV segmentada dentro do universo católico brasileiro, uma vez que fala especialmente para os fiéis embebidos pela espiritualidade da chamada Renovação Carismática Católica (RCC), um nicho de religiosidade católica, cuja mensagem passa pelos pressupostos do modelo eclesial neopentecostal nascido do Protestantismo norte-americano e adaptado ao modelo de compreensão católica da fé. A RCC caracteriza-se pela destacada invocação do Espírito Santo, pelas orações em línguas (glossolalia), pelas curas e pelo discurso emocional da fé.

A história desta emissora começa em 1970, com a Fundação da Comunidade Canção Nova pelo Padre Salesiano Jonas Abib na cidade de Cachoeira Paulista, no Vale do Paraíba. Em 1980, já se falava do SCNC, com a presença de produção para rádios, televisão, discos e cassetes. Oficialmente, a TV Canção Nova começou a operar no dia 8 de dezembro de 1989, quando retransmitia a TVE do Rio de Janeiro. O discurso sempre foi o da proclamação da "vida e do mundo novo de Jesus Cristo".[19] Hoje a SCNC conta com seis geradoras de televisão e 350 retransmissoras, além da presença nas parabólicas e canais de assinatura. Sua programação também está disponível pela internet e acessível em alguns países europeus, no norte da África e no Oriente Médio.

Ao contrário da Rede Vida, o discurso da Canção Nova é antipublicitário. Mesmo sendo uma emissora comercial, a instituição tem como mote de sustentação a contribuição financeira dos telespectadores. No discurso, a TV Canção Nova afirma-se fechada para qualquer publicidade externa, mas o que se observa na grade de programação é a constante venda de produtos e

---

[19] Cf. ALMEIDA, *Imagem e semelhança de Deus na mídia*, p. 169.

serviços para a manutenção da emissora. O desafio da Canção Nova, como o de todas as emissoras de televisão, é a digitalização de sua produção e de seu campo de transmissão.

2.1.3. TV Século XXI

Nascida como uma produtora de conteúdos católicos, a TV Século XXI é inspiração de um missionário jesuíta norte-americano, Padre Eduardo Dougherty, pioneiro da RCC no Brasil. Nasceu junto com a Associação do Senhor Jesus, obra até hoje responsável pela manutenção financeira da emissora. Sua programação carrega fortes traços do Pentecostalismo católico da renovação carismática. Inaugurada como televisão no dia 11 de junho de 1999, sua sede está em Valinhos, interior de São Paulo.

Seu sinal é concessão educativa e seu alcance é mais limitado que o das duas emissoras anteriores, com poucas retransmissoras terrestres, sendo as antenas parabólicas o meio privilegiado de sua transmissão.

Indiscutivelmente, a TV Século XXI foi a que mais ousou com a produção de programas católicos, sendo dela iniciativas históricas de produção de minisséries e novelas com teor evangelizador, mas que, pelo custo, foram experiências pontuais e fracassadas. Nas palavras do próprio fundador, a TV Século XXI tem

> [...] o dever de anunciar a Boa Notícia da presença de Deus em todas as cidades, em todos os bairros, em todos os lares e em todas as pessoas. Anunciar que Deus nos amou e nos mandou seu próprio Filho para estar com todos nós [...] nossos programas, as nossas imagens e as nossas pregações procuram revelar esse poder e essa força grandiosa de Deus Pai.[20]

---

[20] Cf. ibid., p. 164-165.

2.1.4. TV Aparecida

A TV Aparecida, a mais nova das emissoras católicas, pertence à Fundação Nossa Senhora Aparecida, organismo independente que gerencia hoje emissoras de rádio (OC, AM e FM) e televisão. Foi fundada no dia 8 de setembro de 2005, é um canal gerador educativo.[21] Sua sede está em Aparecida, no Vale do Paraíba, e sua missão está intimamente ligada com o universo devocional do Santuário Nacional de Aparecida. A administração desta rede de comunicação está nas mãos dos Missionários Redentoristas,[22] que, além do rádio e da televisão, também engloba um portal de internet (<www.A12.com>) e uma revista – *Revista de Aparecida* – com mais de 700 mil exemplares mensais.

A TV Aparecida apresenta-se institucionalmente como um projeto de evangelização, sustentado por um movimento de arrecadação de recursos chamado "Campanha dos Devotos". Sua missão, nas palavras de Padre César Moreira, seu atual diretor--geral, é "o respeito aos valores humanos, porque acreditamos que o humano é obra de Deus a ser construído em nós e por nós".[23]

A grade de programação da TV Aparecida tem se apresentado como uma proposta diferenciada das outras emissoras católicas, com a introdução de produtos que não são diretamente voltados para o mundo religioso. De fato, o telespectador da TV Aparecida pode perceber que ela não fala de religião 24 horas por dia, ainda que a presença do discurso devocional, tendo como centro a devoção à imagem de Nossa Senhora Aparecida, seja sistemático

---

[21] Uma breve história da implantação da TV Aparecida foi escrita pelo Padre Victor Hugo Lapenta para o dia da inauguração do canal. Ver: LAPENTA, Victor Hugo. *A TV de Nossa Senhora Aparecida;* uma breve história.

[22] A Congregação do Santíssimo Redentor – os Missionários Redentoristas – foi fundada na Itália por Afonso Maria de Ligório, um jovem napolitano, em 1732. Hoje os redentoristas estão nos cinco continentes, sendo mais de cinco mil membros. O Santuário de Aparecida está sob os cuidados deste grupo missionário católico desde 1894. Em Aparecida eles ainda mantêm uma editora católica, a Editora Santuário.

[23] Cf. ALMEIDA, *Imagem e semelhança de Deus na mídia*, p. 154.

e presente na grade de programação de forma intensiva. Ainda há o reforço do discurso em propor uma televisão que valorize a estética e gere o encantamento do telespectador. Ainda hoje, depois de seis anos, a TV Aparecida mantém uma parceria com a Rede Vida para a transmissão diária da missa direto do Santuário Nacional de Aparecida.

Antes de prosseguir, ainda destacamos pelo menos duas iniciativas de produção e transmissão de conteúdo católico no Brasil: a TV Nazaré, sediada em Belém do Pará, inaugurada em 2002 e que abrange o norte brasileiro com programação regionalizada, e a TV Horizonte, de Belo Horizonte, inaugurada em agosto de 1998 e que hoje é parceira da TV Aparecida.

3. Televisão como extensão da paróquia na cidade

Numa breve síntese do que falamos até agora, conseguimos constatar que a Igreja Católica, ciosa de suas responsabilidades institucionais e religiosas, enfrenta o mundo urbano – fragmentado, plural e descentralizado – com uma estrutura evangelizadora ainda marcada pelos traços medievais, a saber: a paróquia territorial. Ao mesmo tempo, atenta aos sinais da Modernidade, a instituição Igreja Católica não mais dispensa o uso dos meios de comunicação de massa para alcançar a imensa massa de fiéis, que, vivendo nas grandes cidades, estão afastadas de suas comunidades e perdem o senso de comunhão eclesial.

Ao usar de ferramentas midiáticas para alcançar sua audiência, a Igreja entra num processo cultural do qual ainda não tem seguranças nem certezas: faz uso do instrumental, de modo ainda incipiente, mas sistemático, mas pouco pergunta se esta "midiatização da fé" está implicando numa nova concepção do que seja o "ser Igreja".[24] Mas, mesmo temerosa do que seja uma

---

[24] "A mídia, ampliando sem medidas a capacidade comunicativa e relacional, pode favorecer um novo humanismo ou gerar uma dramática alienação do homem."

futura religião midiática, a Igreja se vê pressionada pela cultura das mídias e seu dilema é real: ou usa dos meios para evangelizar ou se tornará cada dia menos influente no cotidiano das pessoas.

As pesquisadoras em comunicação social Cirlene Sousa e Denise do Prado ratificam a necessidade de que a Igreja tem de passar do uso do instrumental midiático para a compreensão do processo comunicacional da nova ambiência cultural urbana quando afirmam que

> [...] quando a Igreja se propõe a compreender a sociedade midiatizada contemporânea, não basta olhar apenas para os artefatos midiáticos, dominar linguagens para enquadrar seus conteúdos [...] mas precisa dar conta da comunicação com atividade organizante que entrelaça estas instâncias.[25]

Ao optar por falar ao mundo urbano, o mundo das massas humanas, pelos meios de comunicação, a Igreja precisa manter o centro de seu discurso de fé e não se limitar a expressar-se pelas mídias. Mas estas são ainda vistas somente como meios de atrair as pessoas para a vida da comunidade eclesial concreta. Entretanto, o mundo urbano nem sempre é convidativo ao encontro pessoal e "ubicado", e a Igreja corre o risco de, ao oferecer serviço religioso via televisão, perder o seu fiel enquanto partícipe de uma comunidade real, geograficamente localizada, comprometida. Há um risco de uma "religião eletrônica" que se baste em si mesma.

O quadro eclesial fica ainda mais complicado quando se percebe, conforme já descrito, que os projetos eclesiais midiáticos não são expressão clara e unívoca do que a Igreja entende por "evangelizar", e nichos religiosos são construídos dependentes de certos modos de expressão da fé nos diversos veículos de comunicação.

CNBB. *A comunicação na vida e missão da Igreja no Brasil*, coleção Estudos da CNBB n. 101, p. 26.

[25] SOUSA, Cirlene; PRADO, Denise do. Midiatização: processo social contemporâneo. In: ALMEIDA, *Imagem e semelhança de Deus na mídia*, p. 62.

Segundo Faustino Teixeira,

> o Catolicismo no Brasil revela uma rica complexidade. Trata-se de um campo religioso caracterizado por grande diversidade. A pluralidade é um traço constitutivo de sua configuração no Brasil [...]. Não dá para situar o Catolicismo brasileiro num quadro de homogeneidade. Na verdade, existem muitos estilos culturais de "ser católico".[26]

Aqui não vamos nos deter em analisar a programação das redes de televisão católicas do Brasil nem estabelecer uma crítica de conteúdo, o que seria um trabalho árduo de pesquisa e, certamente, nos daria referenciais mais concretos para entender por onde caminha o Catolicismo midiático em nosso País. O fato é que o mesmo Catolicismo pode ser completamente diferente dependendo em qual emissora de televisão ele é apresentado. Os diferentes modelos de Igreja e a diversidade dos estilos católicos de ser estão visíveis nos contextos televisivos do Catolicismo brasileiro. Para Marlson Assis, especialista em comunicação e cultura, há três tipos possíveis de Catolicismo a partir das principais redes de televisão católicas: o Catolicismo pentecostal, o tradi-institucional e o mariano.[27]

Queremos tão somente acenar aqui alguns limites e alcances positivos de uma religião midiática que pode ser – e para a Igreja deveria ser – a extensão eletrônica da paróquia urbana (mas também das paróquias de cidades de médio e pequeno porte). É possível fazer da mídia uma forma de criar interesse do fiel pela sua comunidade eclesial? Ou de fato o Catolicismo eletrônico se constitui cada vez mais como algo independente do mundo territorializado da paróquia?

Para o pesquisador Marlson Araújo, a resposta a este anseio é positiva. A mídia católica pode ser, sim, fator de agregação do

---

[26] TEIXEIRA, Faustino. Faces do catolicismo brasileiro contemporâneo. In: *Catolicismo plural;* dinâmicas contemporâneas, p. 9, 18-19.
[27] Cf. ARAÚJO, Os ambientes midiáticos produzidos pelo catolicismo na televisão, p. 106.

fiel à sua comunidade de comunhão fraterna e de serviço pastoral. Diz ele que

> a religião possui capital simbólico, capaz de possibilitar ao ser humano redescobrir-se como sujeito do processo comunicacional, de modo que a comunicação deixe de ser funcionalista e ideologia a serviço de um sistema regido por aparelhos, e passe a ser criadora de vínculos, de fraternidade, de solidariedade e de compromisso com a construção de uma humanidade mais feliz.[28]

3.1. Televisão e vida paroquial: alcances

Para a Igreja, a comunicação existe para potencializar o relacionamento entre as pessoas. Uma comunicação que desagrega e afasta, não é de fato comunicação, mas "incomunicação", ruído, dispersão. Por isso, no fundo, a Igreja acredita que a comunicação midiática tem sua razão de ser no fato de agregar, unir, juntar pessoas ao redor de um projeto real de ação e de relacionamentos.

Nesse sentido, a Igreja afirma que de nada valem tecnologias e complexos projetos pastorais de comunicação se não estiverem embasados no propósito de unir as pessoas e criar oportunidades de expressão, fortalecendo redes de convivência e de ação. Resumindo: a comunicação midiática da fé é caminho de condução do fiel para uma ação concreta em sua Igreja particular, em sua paróquia e comunidade. Somente ali, entre outros crentes, a Igreja é, de fato, real.

Um dos argumentos mais fortes usados pelos que fazem religião pela mídia é que a Igreja trouxe de volta um batalhão de fiéis que, antes alheios ao mundo da fé, agora se voltam com convicção às suas práticas religiosas. A Igreja midiática consegue entrar onde a paróquia tradicional não mais alcança. O arcebispo primaz do Brasil, Dom Murilo Krieger, assim resume a questão:

---

[28] Ibid., p. 119.

[...] entre os desafios atualmente enfrentados pelo evangelizador, um de grande peso é a dificuldade do encontro pessoal. Nem sempre é possível fazer visitas; prédios e condomínios se fecham sempre mais; o medo aumenta as distâncias. Através dos modernos meios de comunicação, contudo, tem-se a possibilidade de "entrar" em muitas casas e corações e apresentar a proposta de Jesus Cristo.[29]

Nesse quesito, o de atrair de novo a freguesia religiosa, as mídias com características pentecostais são campeãs em atrativos para arrebanhar novamente os católicos afastados da Igreja: missas de cura, "showmissas" com padres cantores, exposição devocional de símbolos fortes do Catolicismo, ausência do discurso eclesial de participação comunitária. Aqui, a religião se casa perfeitamente com o espírito moderno da cidade, e torna-se produto individual de realização. O encontro comunitário acontece, mas não no cotidiano paroquial, e sim em grandes concentrações religiosas, onde o emocional conduz os ritos. A presença de atores carismáticos, geralmente padres, é condição *sine qua non* da existência dessas manifestações.[30]

Para a Igreja, deve haver valor nesse tipo de religião midiática, uma vez que oficialmente não se produza nenhuma crítica a tal modelo religioso. Trazer de volta os católicos, mesmo que seja pelo viés emocional, é bom para a Igreja. À Igreja, ciosa de seus compromissos evangelizadores, talvez falte direcionar este novo contingente não somente para a recitação de tradicionais formas de oração e para o consumo de produtos religiosos, mas levá-los a retomar sua relação afetiva com a paróquia (comunidade de fé) à qual pertence. O risco é criar pessoas identificadas com projetos pessoais e carismas midiáticos e não com sua comunidade paroquial. Para o comunicador e padre José Fernandes, conhecido na Igreja do Brasil como Padre Zezinho,

---

[29] KRIEGER, Dom Murilo. *Anunciai a Boa-Nova;* os meios de comunicação a serviço da Igreja, p. 19.
[30] Sobre o tema do "padre artista", note o trabalho de doutorado da pesquisadora Brenda Carranza, que analisa o fenômeno Padre Marcelo Rossi e sua construção midiática. Ver: CARRANZA, *Catolicismo Midiático*.

o pregador que fala de Deus em alta voz de maneira dramática, dando a ele o endereço do lugar onde haverá milagres, a hora e os ônibus que levam lá, certamente usou de marketing da fé, mas do jeito errado e com a pessoa errada [...]. Fingir que falamos de Deus quando na verdade o que queremos é mais adeptos nos nossos templos é manipular a fé. E este é um dos perigos da mídia religiosa.[31]

Outra perspectiva eclesial aplicada aos meios de comunicação é a de promover a educação na fé dos que professam o Catolicismo. As heranças históricas da religião em nosso País retratam que pouco ou quase nada os católicos sabem de fato de sua religião. Retomam apenas as bases devocionais da fé e repetem ao longo do tempo, sem refletir, a cantilena das palavras do Creio e de outras orações tradicionais. O católico brasileiro pouco conhece da Sagrada Escritura e tem uma base religiosa medíocre. A Igreja acredita que a comunicação deva servir à educação religiosa e desta redescoberta da fé possa haver um novo revigorar existencial do fiel e seu retorno à comunidade. Hoje se fala de uma nova evangelização, de uma missão continental para a Igreja.[32] Para tal intento, a comunicação de massa deverá dar seu contributo.

O Documento de Estudo n. 101 da CNBB fala da possibilidade de educar à fé pela mídia e de uma nova evangelização que não pode prescindir dos meios de comunicação de massa. Ao mesmo tempo, o documento insiste que nem todos estão aptos a falar da fé em meios midiáticos, sendo preciso separar opinião pessoal de posição eclesial.[33] Há uma insistência para que se cuide da imagem pública da instituição, para que não se perca a autoridade moral que a Igreja construiu ao longo de mais de vinte

---

[31] OLIVEIRA, José Fernandes de. Semideuses da fé. In: ALMEIDA, *Imagem e semelhança de Deus na mídia*, p. 45.
[32] Em 2007, reunidos em Aparecida, a Conferência Episcopal Latino-Americana (Celam), órgão que reúne lideranças da Igreja Católica na América do Sul, América Central e Caribe, decidiu deixar anotado que o continente americano precisa de uma missão continental para reavivar as raízes culturais religiosas cristãs e católicas. Ver: *Documento de Aparecida*.
[33] Cf. CNBB, *A comunicação na vida e missão da Igreja no Brasil*, p. 113-114.

séculos.³⁴ De qualquer forma, a Igreja reconhece que é possível catequizar usando os meios televisivos. A Igreja, na fala do Papa Paulo VI, "viria a sentir-se culpável diante do seu Senhor, se ela não lançasse mão destes meios potentes que a inteligência humana torna cada dia mais aperfeiçoados".³⁵

Um dos trunfos da Igreja, no ambiente de comunicação, e que resulta na manutenção do imaginário católico e até pode ser vínculo de animação comunitária, é o culto mariano. A presença do culto à Virgem Maria é marca registrada do mundo católico e nas mídias televisivas a imagem de Maria é deveras explorada. Nesse aspecto, a TV Aparecida, por exemplo, não só carrega no seu nome e no seu logotipo a marca da "imagem de Nossa Senhora Aparecida" como gasta boa parte de sua programação em propagar a fé na Virgem Padroeira do Brasil. Resultado prático é o crescimento do movimento do Santuário de Aparecida, no interior de São Paulo, que, após a inauguração da TV, teve aumento significativo de romarias e grupos vindos dos mais distantes cantos do Brasil.³⁶ Mas a pergunta fica: o fiel atraído até Aparecida pela imagem do Santuário exposta na televisão procura sua comunidade local?

Podemos destacar, ainda, outras vantagens da diversidade das emissoras de orientação católica no Brasil, tais como a apresentação da variedade do Catolicismo, diversidade de grade de programação, possibilidade de "pools" para transmissão de grandes eventos, a continuidade da Igreja Católica como partícipe dos debates públicos brasileiros. Mas não podemos deixar de invocar algumas desvantagens, tais como a concorrência entre as emissoras, os limites financeiros, a busca de profissionais qualificados, os trâmites burocráticos e a possível confusão doutrinal do público.

---

[34] KRIEGER, *Anunciai a Boa-Nova;* os meios de comunicação a serviço da Igreja, p. 64.
[35] PAULO VI. *Evangelii Nuntiandi*, n. 45.
[36] Disponível em: <http://www.a12.com/noticias/noticia.asp?ntc=numeros_revelam_o_crescimento_de_visitantes_no_santuario_nacional.html >.

3.2. Televisão e vida paroquial: limites

O que se observa nas transmissões das redes televisivas católicas é a repetição de esquemas religiosos tradicionais. Os meios são modernos, mas a mensagem é exposta com linguagem antiquada e tradicional. A Igreja perde a oportunidade de arejar sua doutrina. Há uma inflação hierárquica na tela, com a presença quase que constante de bispos e padres e pouca incidência dos leigos; a liturgia é sacramental, os discursos são monótonos e a estética é paupérrima. A Igreja ainda não entendeu que televisão é emoção.

Nesse sentido, parece que a mídia televisiva não é fonte de adesão de fé do fiel, nem mesmo o faz refletir sobre sua ausência da comunidade paroquial. O que a televisão tem feito é oferecer ao católico, que na cidade não quer mais sair de sua casa para ir ao templo, um "elixir" religioso, que garanta ao menos a conservação de seu ambiente religioso. Mas isso seria evangelizar? Não está a Igreja consumindo recursos, tempo e pessoas sem ter de fato um projeto coerente de evangelização pela televisão? Uma fala do teórico da comunicação José Marques de Melo resume bem o dilema da Igreja diante do novo desafio comunicacional. Diz ele que

> [...] Faltam recursos capazes de subsidiar os veículos massivos mantidos exclusivamente pelas Igrejas. Por isso mesmo, algumas instituições optam pela compra de espaço nos veículos leigos para disseminar programas religiosos. Outro obstáculo é de natureza operacional, pois nem sempre os dirigentes religiosos são treinados para o uso eficaz da mídia. Disso resulta muita improvisação, amadorismo e fracassos.[37]

Essa preocupação já alcança a reflexão oficial da CNBB, que expressa que uma séria evangelização urbana, que se utilize dos modernos meios de comunicação, precisa considerar, concomitantemente, a mudança da estrutura paroquial. Por isso,

---

[37] Citado em: GOMES, *Da Igreja Eletrônica à sociedade em midiatização*, p. 142.

na era da mídia, a paróquia também é obrigada a redefinir sua fisionomia. Certamente continua a ser a comunidade dos vínculos pessoais, da caridade intangível, dos encontros formativos diretos e dos sacramentos, mas encaminha-se para comunicar também pela internet e suas inúmeras possibilidades de relacionamentos e informação, dando aos fiéis a possibilidade de alcançar um discernimento crítico sobre as mensagens da mídia.[38]

Outro desafio para a Igreja Católica é expor a faceta multicultural do povo brasileiro em seus meios televisivos. Uma abertura ao cultural pode ser caminho para que a mídia católica não se limite a falar somente com o fiel de orientação católica, mas possa ser opção de entretenimento para todo cidadão. Essa perspectiva é até mesmo condição para que canais educativos sejam mantidos no ar, e dos canais outorgados a grupos religiosos alguns são concessões educativas e precisam cumprir a legislação. Essa abertura coloca a Igreja no diálogo com a cultura urbana, midiática sem dúvida, e que muda radicalmente os atores sociais e seus papéis, até dentro da Igreja.

Para o pesquisador de comunicação social e novas mídias Pedro Gomes,[39] a Igreja precisa sentir que a nova cultura midiática retira da vivência da fé o peso da razão e coloca a emoção em primeiro lugar. O próprio ministro ordenado do culto precisa aprender a linguagem do corpo e dos sentimentos, não só para atrair e manter seus fiéis na Igreja, mas até para suas apresentações em canais de televisão. A identificação midiática é sempre feita pela mediação de figuras carismáticas, e os programas religiosos, mais do que quaisquer outros, necessitam desses atores religioso-midiáticos. Afinal, como afirma outro teórico, tudo na televisão, mesmo a religião, "[...] é muito mais que um amontoado de frases. O olhar fixo do apresentador nos olhos do espectador, a tonalidade da voz e a performance do corpo são componentes

---

[38] CNBB, *A comunicação na vida e missão da Igreja no Brasil*, p. 53.
[39] Cf. GOMES, *Da Igreja Eletrônica à sociedade em midiatização*, p. 30 e 44.

importantes para se compreender os novos programas televisivos religiosos".[40]

O pesquisador Pedro Gomes continua sua reflexão alertando para a mudança comportamental da própria audiência religiosa, e afirma que na sociedade midiatizada os fiéis passam a ser assistentes, sai de cena a comunidade de fé e entram os telespectadores; se as pessoas não vêm ao templo, o templo entra na casa das pessoas. Sai a comunidade, entra o indivíduo; sai a experiência comunitária de fé e entra o consumo de bens religiosos; consumidores e fiéis, eis o futuro da fé. Mas com quais consequências para a vida cristã? Será que a profecia de uma chamada *cyberchurch*, ou seja, uma Igreja pensada, realizada e estruturada no ambiente eletrônico, na realidade virtual terá seu espaço no futuro? Mas pode haver uma Igreja simplesmente virtual? Não estarão os processos midiáticos na Igreja construindo uma religião não esperada pela instituição, ou, na paráfrase de São Paulo, as Igrejas não constroem a comunidade que desejam, mas alimentam o individualismo que condenam?

Para o pesquisador Paulo Gasparetto, a mídia reconfigura a comunidade territorial e cria a comunidade de pertencimento virtual.[41] Nessas comunidades virtuais, televisivas ou expostas em outra plataforma, a vivência da religião corre o risco de bastar-se em si mesma, daí o esforço em transpor as comunidades nascidas do ambiente midiático para o ambiente paroquial, para que os interesses manifestos na mídia se concretizem em comunidades de relacionamento real. O fato é que cada vez mais a virtualização cultural tem ocupado espaço na vida das pessoas, desobrigando-as de um contato mais humano e efetivo. O mundo da televisão oferece tudo o que é preciso, satisfazendo as necessidades espirituais do telespectador.

---

[40] GASPARETTO, *Midiatização da religião;...*, p. 80.
[41] Cf. ibid., p. 15.

3.3. Missa na televisão? Possibilidades e limites

Não vamos aqui tecer uma reflexão sistemática sobre a missa, mas é bom que se afirme que, de todos os sinais chamados de *sacramentos* pela Igreja Católica, a missa é o mais importante. E pela sua relevância fundamental a Igreja reserva para o rito das missas suas maiores preocupações doutrinais, teológicas e litúrgicas. Diante desse quadro de extremo zelo institucional, há que imaginar a dificuldade da Igreja em conviver com a cada vez mais comum celebração da missa pela televisão. Mas a Igreja acredita que é preciso envolver-se nos meios, sendo do Papa João Paulo II a seguinte afirmação: "[...] a transmissão televisiva ou radiofônica constitui uma ajuda preciosa, sobretudo quando completada pelo generoso serviço dos ministros extraordinários que levam a Eucaristia aos doentes, transmitindo-lhes também a saudação e a solidariedade de toda a comunidade".[42]

No advento dos meios de comunicação de massa, a Igreja enfrentou o desafio da missa transmitida pelo rádio. Anos mais tarde, a televisão entrou na casa das pessoas e a missa, tradicionalmente presidida somente nas igrejas e capelas, passou a ter visibilidade midiática. Desse tempo nascem as perguntas fundamentais, hoje já respondidas, mas que ainda causam certa náusea em setores conservadores da fé: é válido transmitir missas pela televisão? A missa pela televisão tem o mesmo valor da missa presencial? Até que ponto a técnica pode interferir no rito? Existe como fazer um roteiro televisivo para o rito litúrgico?[43]

A Conferência Nacional dos Bispos do Brasil publicou no começo da década de 1980 um estudo sobre o tema da missa televisiva, ainda hoje referência para quem quer mergulhar no

---

[42] JOÃO PAULO II. *Dies Domini*, n. 54.
[43] Deve-se a Dom Romeu Alberti, em 1969, bispo de Apucarana, a ideia de promover pela primeira vez no Brasil a discussão sobre a missa na televisão, a partir das experiências pastorais da Igreja na TV Tibagi de Apucarana. Cf. CNBB. *Liturgia de rádio e televisão*, coleção Estudos da CNBB n. 33, p. 7.

assunto. A transmissão de missas, naquela data, já se havia tornado coisa corriqueira, mas faltava a organização dos discursos pastoral e teológico sobre o fato.

Assim, o Documento de Estudos n. 33 da CNBB abordou algumas questões, como, por exemplo, a linguagem da missa pela TV, a possibilidade de uso da técnica nas missas (como videoteipe e audioteipe) e a validade sacramental da missa assistida pelos meios de comunicação. Dentre as principais críticas feitas às missas televisionadas estava a falta de sintonia da liturgia com a vida do povo, o despreparo técnico e a falta de expressão corporal dos celebrantes.[44] Todos esses itens ainda são limitantes para a Igreja, conforme vimos anteriormente. O destaque, entretanto, é que a CNBB já reconhece, apoia e incentiva as missas televisivas, ainda que reconheça a existência de muitas arestas a serem lapidadas quando o assunto é o como fazer essas celebrações.

Em 1987, outro documento de estudo da CNBB traz de novo o tema da missa pela televisão e dessa vez usa a expressão "assembleia eletrônica litúrgica" para se referir ao ambiente das missas pelas mídias.[45] Uma das conclusões desse documento é que a liturgia nos meios de comunicação é "liturgia de rádio e televisão" e nunca "liturgia no rádio e na televisão". A mudança da preposição já indica a consciência eclesial de que o meio interfere no produto a ser transmitido. Proíbe-se a gravação de missas e exige-se que sejam sempre transmitidas "ao vivo", ainda que se tenha notícias de que há grupos que hoje em dia transmitem missas previamente gravadas.[46] O documento afirma literalmente que "transmitir missa gravada é enganar o povo, é reportagem,

---

[44] Nas palavras de A. MEHRABIAN, "[...] na televisão, o que uma pessoa diz representa 7% do que ela comunica realmente; 38% da mensagem são transmitidos pelo modo de exprimir-se (voz, vocabulário, ritmo do discurso) e 55% pelas expressões do rosto e pelos movimentos do corpo". Citado em: BABIN, Pierre. *Mídias, chance para o Evangelho*, p. 87.

[45] CNBB. *Assembleia eletrônica litúrgica*. Coleção Estudos da CNBB n. 48.

[46] O grupo paranaense "Evangelizar é Preciso", coordenado pelo Padre Reginaldo Manzotti, faz uso deste recurso.

não celebração [...] vai contra a sacramentalidade; não é verdade, é documentário".[47]

Note-se que a Igreja Católica, contrariando as reflexões sociológicas, prefere não se autodenominar "Igreja Eletrônica" (nos moldes das novas Igrejas pentecostais), mas fala de uma assembleia eletrônica, cuja natureza, ainda que desvencilhada momentaneamente da comunidade eclesial territorial, deve tê-la como ponto de chegada da experiência midiática. A missa pela televisão nunca substitui a presença na comunidade, ainda que para certos casos, como enfermidades ou dificuldade de locomoção e ausência do ministro ordenado na comunidade, a Igreja abra exceções e considere a participação eletrônica como uma participação verdadeiramente eclesial e válida, mesmo com a ausência de uma presença física. Mas a ausência física, nesse caso, impede de chamar a missa pela TV de verdadeiro sacramento, já que neste, para a Igreja, a presença física, espiritual e psíquica têm de estar em harmonia.

Completando o ciclo oficial de discussão sobre a missa de televisão, a CNBB debruçou-se novamente sobre os assuntos nos últimos anos e reafirmou, no Documento de Estudos n. 101, que a missa de televisão é válida, alcança seus objetivos, pode ser momento de conversão pessoal e comunitária, atrai as pessoas para a comunidade, gera comunhão. Ainda assim, o Documento deixa claro que "[...] pela natureza e pelas exigências do ato sacramental, não é possível equiparar a participação direta e real (na missa) àquela mediada e virtual, por meios dos instrumentos da comunicação social".[48] Reafirma-se no documento que é "[...] desviante transmitir celebrações sacramentais gravadas ou de modo repetitivo através da mídia".[49]

---

[47] CNBB, *Assembleia eletrônica litúrgica*, p. 24-25.
[48] CNBB, *Comunicação na vida e na missão da Igreja no Brasil*, p. 60.
[49] Ibid., p. 60.

Como acréscimo, o Documento de Estudos n. 101, mais atualizado que os demais, e já em sintonia com a chamada nova ambiência midiática, destaca que a comunicação integral fará da missa de televisão um "produto" palatável e desejado. Preocupa-se já com todo o ambiente celebrativo e não tão somente com o conteúdo da fé. No texto, lemos que

> "[...] um ambiente comunicativo adequado favorece a atualização da celebração litúrgica, valoriza os gestos e as palavras, os sinais e os símbolos, as luzes e as sombras, os momentos plenos e os silêncios, os cantos e as palavras proclamadas, os espaços nos quais se move a assembleia.[50]

3.4. Profissionalizar a comunicação eclesial

Dois dos aspectos que mais pesam para a instituição católica, no que tange aos meios de comunicação, são os investimentos financeiros e os investimentos pessoais. No primeiro aspecto, a Igreja ainda faz comunicação praticamente dependendo de doações ou generosidades dos fiéis. Três das grandes emissoras católicas usam parte da sua programação diária no intuito de conquistar sócios que financiem seus projetos. O discurso é sempre o do compromisso eclesial com a evangelização por meio das mídias, a qual, por ser muito custosa, demanda a adesão de uma massa de doadores.

Nesse quesito, a competividade entre as emissoras alcança o que se poderia bem chamar de concorrência. Quem atrai mais, com seus discursos religiosos, terá mais adeptos fiéis e, consequentemente, mais doadores de recursos. A briga pelo "rebanho" é acirrada e não raro vale-se de recursos consagrados no meio comercial, como presentear doadores que mais colaboram e

---
[50] Ibid., p. 58.

mesmo gerar potenciais doadores com promessas de prêmios que chegam até mesmo a uma casa.[51]

Outro aspecto fundamental para a Igreja é a profissionalização dos que vão gerenciar e administrar os meios de comunicação de massa, é claro, a formação técnica de quem vai usar desses meios para a expansão do Evangelho. O atual arcebispo de Salvador, Dom Murilo Krieger, é um dos defensores de que a Igreja precisa ter seus próprios meios de comunicação, ainda que utilizar espaço dos meios seculares não esteja fora de cogitação para a autoridade eclesiástica. Diz ele que, "[...] além de utilizar os meios de comunicação para apresentar os valores do Evangelho, é importante que a Igreja tenha também seus próprios instrumentos [...] não para dominar, mas para servir".[52]

Mas se a Igreja se arvora em deter sobre seu controle alguns meios de comunicação de massa, ainda que tais meios sejam de fato gerenciados por grupos dentro da Igreja, mas diversos dela, há que se preocupar em formar mão de obra qualificada para o serviço, que além de operar e instrumentalizar tenha em si a consciência de que aquele meio está de fato a serviço de uma instituição milenar, cujo propósito último, ao menos no discurso, não é o lucro material, mas a difusão da fé. O mesmo Arcebispo Dom Murilo completa que

> [...] para o uso adequado desses meios, há necessidade de profissionalismo, de sua integração nos planos pastorais e de atenção ao rápido progresso que acontece nesse campo. Se é importante a comunicação interativa (internet), não menos importante são, no trabalho evangelizador, os tradicionais meios de comunicação [...] e cabe à

---

[51] Durante a elaboração deste texto, a TV Canção Nova estava com a promoção "Casa Nova Canção Nova", na qual a pessoa, adquirindo um livro da citada comunidade, recebia junto um cupom para concorrer à casa própria. Os livros da promoção, obviamente, estavam bem acima do preço normal de mercado. Mais detalhes em: <http://blog.cancaonova.com/casanova/>.
[52] KRIEGER, *Anunciai a Boa-Nova*; os meios de comunicação a serviço da Igreja, p. 17.

Igreja garantir formação e dar atenção pastoral aos profissionais da comunicação.[53]

A profissionalização de quem trabalha diretamente nos meios midiáticos não pode prescindir da formação intensiva e sistemática dos fiéis, receptores do conteúdo e multiplicadores dos sentidos religiosos nas suas comunidades eclesiais.[54] A Igreja insiste que uma boa comunicação de conteúdos só será válida se acompanhada da reflexão moral que deve reger todos os aspectos abordados pelas mídias de massa. Nunca fica alheia à reflexão da Igreja que a televisão carrega uma carga manipuladora e ideológica e por isso mesmo navegar neste ambiente pode ser perigoso sem que haja a proteção dos aspectos da moral caros à tradição católica.

Nesse sentido, a Igreja acredita que a síntese final daquilo que se recebe pela mídia só pode ser feita de fato na comunidade local, no solo das relações humanas "ubicadas" e onde o conteúdo da fé se materializa como expressão da religião que transforma a vida do outro.

Nos documentos do Concílio Vaticano II a Igreja aborda a formação dos leigos como prioridade, visto ser eles o espelho da fé no mundo das relações políticas, econômicas e sociais. No caso da comunicação, a Igreja promove a Pastoral da Comunicação (PASCOM) como fórum privilegiado de reflexão sobre a vida e a comunicação na Igreja. Dentro das emissoras de televisão católica o que há é a busca de formação de seus profissionais, inserindo-os no mundo da reflexão e das práticas midiáticas das grandes corporações de mídia e de educação midiática.

---

[53] Ibid., p. 36.
[54] "Mais urgente, sem dúvida, é preparar animadores, seminaristas e sacerdotes aptos a essa mutação das paróquias na direção da globalização e dos novos estilos de comunicação." BABIN, *Mídias, chance para o Evangelho*, p. 163.

3.5. Paróquia urbana midiática

Uma paróquia urbana, sintonizada com o mundo da mídia, só tem a ganhar, tanto no que se refere à participação dos fiéis quanto no modo de oferecer o produto religioso. Uma pastoral da comunicação integrada à dinâmica paroquial certamente será o caminho para que entre a paróquia – estruturada ainda nos moldes medievais – e a mídia aconteça uma relação que possa ser proveitosa para a disseminação do discurso da fé.

Mas é justamente a diferença conceitual e cultural na raiz dos dois universos – paróquia e mídia – que impede uma comunhão natural. Há que buscar um modo sistemático de promover esta relação, e ousamos dizer que será a paróquia a ceder e abrir-se ao mundo da ambiência cultural midiática. O que ocorre, nos dias de hoje, é o "[...] deslocamento do espaço tradicional, acanhado e restrito dos templos, para um campo aberto e multidimensional [...] a lógica do templo, direta e dialogal, é substituída pela lógica da mídia moderna, que se dirige a um público anônimo, heterogêneo e disperso".[55]

A paróquia nunca será a raiz da Igreja midiática, mas, se não se abrir a este mundo novo, ficará a margem de qualquer renovação evangelizadora, com o risco de esvaziar-se e não cumprir mais sua função de agregar a Igreja, fiéis e leigos. E a mídia católica, sobretudo a televisão e seus programas religiosos, se não tiver clareza de sua vocação eclesial, corre o risco de autopromover-se e esquecer que a raiz do Cristianismo é e sempre será a relação de pessoas numa comunidade de fé. Mesmo se considerarmos a ideia de uma paróquia eletrônica, haverá sempre a necessidade de registrar a documentação religiosa e a administração dos sacramentos tradicionais da Igreja.

Pierre Babin, teórico da comunicação para a religião, acredita que "à paróquia geográfica deverão somar-se pouco a pouco

---

[55] GASPARETTO, *Midiatização da religião;*..., p. 114.

novos tipos de mídia, de relacionamentos e de grupos".[56] Nesse pensamento há algo de progressista, que preconiza a abertura paroquial ao mundo das mídias, mas há algo conservador, pois não se discute que a paróquia mantém sua validade e finalidade radical: unir a comunidade de fé ao redor da mensagem do Evangelho. O mesmo autor enumera três sugestões para adaptar a vida paroquial ao discurso da mídia religiosa, de modo a criar elo dos fiéis entre o que se assiste pela tela da televisão e o modo de celebrar enraizado territorialmente: acompanhamento personalizado (linguagem emocional); comunidade de afinidade (grupos) e prioridade da festa (sons, cores, luzes).[57]

Poderíamos ousar oferecer outras orientações para que a paróquia urbana fosse extensão da mídia televisiva e se dispusesse a dialogar com os novos personagens religiosos de uma maneira compreensível e atraente. Há que promover a formação técnica e conceitual para o Povo de Deus; fomentar senso crítico diante do conteúdo midiático; desenvolver a acolhida para os que buscam a Igreja após serem arrebanhados pelas mídias; formar novos líderes cristãos – clérigos e leigos, dentro do espírito da ambiência comunicacional; zelar pela liturgia, nos seus símbolos, ritmos, sons e cores, e, sobretudo, pela qualidade da homilia.

Destaque deve ser dado neste momento ao crescimento das redes sociais (grupos de afinidades). Tanto o mundo televisivo, e o universo religioso que aí circula, quanto o mundo paroquial são pressionados a envolver-se com essas redes sociais que moldam gostos e promovem interesses. Entender tal universo e dele tirar proveito pode ser útil ao propósito eclesial. De fato, no mundo da religião na televisão e na prática paroquial os grupos de interesse são cada vez maiores.

> [...] carismáticos; grupos de oração, meditação e ioga; grupos de catecumenato; variados grupos religiosos interligados por boletins, reuniões,

---

[56] BABIN, *Mídias, chance para o Evangelho*, p. 146.
[57] Cf. ibid., p. 148.

espaços privados e, certamente, por algum profeta ou mestre espiritual; grupos integristas ou progressistas; grupos de ação social ou grupos de espiritualidade. Nunca se viu tamanha abundância.[58]

Isso significa dizer que uma nova religião surge da mídia em que o exercício do discurso religioso deixa de ser feito segundo as regras presenciais e passa a se orientar por um conjunto complexo de operações midiáticas. Assim, a televisão não é mais um simples meio de convocação das pessoas para a integração paroquial, mas anuncia que os eventos religiosos podem acontecer ali mesmo, dentro de casa.

Aqui existe o risco de a religião televisiva alienar o fiel de sua comunidade real. Aqui está o centro de preocupação da Igreja Católica quando pensa na religião nas mídias. As reais consequências de uma religião midiática como forma de evangelização dos meios urbanos ainda não são claras. Mas é certo que, "numa sociedade onde a visibilidade do 'religioso' quase desapareceu, a mídia a recupera e a coloca, sem pudor nenhum, no seu lugar mais público e mais visível: a televisão".[59] Esse é o desafio da Igreja na aurora do novo milênio: traduzir sua fé pelas mídias sem que com isso perca sua identidade. As respostas, somente o tempo nos dará.

---

[58] Ibid., p. 155.
[59] Cf. ibid., p. 110.

Conclusão

Quando pensamos em comunicação, há dois perigos. Primeiro, o nosso universo discursivo corre o risco de ser amplo demais e perder-se em teorias esvaziadas de possibilidades práticas. Segundo, corremos o risco de fazer ações comunicativas práticas sem tomar consciência nem refletir sobre o alcance de nossas práticas. E quando pensamos em comunicação para a manutenção e propagação de verdades religiosas este perigo é ainda maior, pois tanto o discurso quanto a prática precisam estar, por obrigação moral, equilibradas, já que tanto o arcabouço da tradição religiosa quanto a Modernização da linguagem da religião precisam caminhar sem que uma fira a outra.

Este trabalho pretendeu trazer para a prática eclesial um pouco daquilo que em teoria a Igreja Católica tem discutido sobre o papel dos meios de comunicação de massa: o uso de ferramentas tecnológicas e a compreensão da nova mentalidade cultural do ambiente midiático. Além disso, discutimos também sobre o papel da comunidade paroquial como local de encontro e de realização final dos efeitos religiosos ampliados pelas mídias.

O que fica claro, desde o início do processo de elaboração deste trabalho, é o enorme esforço que a Igreja Católica faz para compreender o universo da comunicação. Não há dúvidas de que essa instituição reconhece que seus objetivos – resumidos na palavra evangelização – precisam fazer uso das novas formas de expressão social de ideias. Por outro lado, é também nítido, pelas leituras feitas, que existe ainda certa desconfiança acerca das mídias, e que a Igreja avança e recua quando o assunto é propagar suas verdades através dos meios de comunicação social.

Tal desconfiança eclesial tem como fundamento a falta de esclarecimento que a instituição tem sobre os novos modos de organização social e cultural estabelecidos pela urbanização da sociedade. Por desconhecer os processos e caminhos da nova cultura urbana midiática, e por não ter como parte essencial de sua natureza o envolvimento com a novidade, a Igreja Católica até ousa fazer uso de ferramentas modernas de comunicação, mas ainda não consegue compreender que uma nova mentalidade comunicacional toma conta da sociedade, sobretudo dos jovens.

Entretanto, as pesquisas realizadas são otimistas ao mostrar que existe preocupação da Igreja em profissionalizar pessoas – clero e leigos – para que sejam agentes multiplicadores da espiritualidade cristã católica. Há esforço eclesial em usar ferramentas modernas de mídia e, aqui no Brasil, como se demonstrou, o uso da televisão para a propagação do Evangelho – ainda que seja de modo completamente distinto, dependendo da emissora que o veicula – está cada dia mais amplo. Há pelo menos quatro grandes emissoras de conteúdo orientadas pela espiritualidade cristã católica.

O que ainda não se respondeu: a religião midiatizada será de fato fator de agregação do fiel à sua comunidade paroquial – territorial e localizada geograficamente? Ou a religião que emerge das mídias cria uma nova forma de relacionamento do fiel com sua comunidade, que, a exemplo de tantas outras, passa a ser virtualizada? Tal questionamento, ao que parece, só será respondido com novas reflexões e a própria percepção eclesial do cotidiano das comunidades, mas certamente não será uma realidade que mude a curto prazo.

Fica-nos a certeza de que a instituição milenar Igreja caminha para adaptar-se ao mundo da ambiência midiática e de que, neste terreno pantanoso, mantém a certeza de levar tesouros em vasos de barro. E a certeza de que sua maior riqueza, a proclamação da fé, não pode simplesmente sucumbir ao mundo das mídias sem que isso signifique uma revolução de linguagem e de forma. Uma fé midiática? Aguardemos!

Bibliografia

Livros

ALMEIDA, João Carlos (org.). *Imagem e semelhança de Deus na mídia*. São Paulo: Loyola, 2010.

ANTONIAZZI, Alberto; CALIMAN, Cleto (org.). *A presença da Igreja na cidade*. Petrópolis: Vozes, 1994.

ASSMANN, Hugo. *A Igreja eletrônica e seu impacto na América Latina*. Petrópolis: Vozes, 1986.

BABIN, Pierre; ZUKOWSKI, Angela Ann. *Mídias, chance para o Evangelho*. São Paulo: Loyola, 2005.

BOFF, Leonardo. *Nova evangelização:* perspectiva dos oprimidos. Petrópolis: Vozes, 1990.

BRIGHENTI, Agenor. *Pastoral Urbana;* categorias de análise e interpelações pastorais. Brasília: Ed. CNBB, 2010.

CARRANZA, Brenda. *Catolicismo midiático*. Aparecida: Ideias e Letras, 2011.

Carta a Diogneto. Petrópolis: Vozes, 1984.

CASTELLS, Manuel. *A questão urbana*. São Paulo: Paz e Terra, 2000.

COMBLIN, José. *Cristãos rumo ao século XXI*. São Paulo: Paulus, 1996.

_____. *O povo de Deus*. São Paulo: Paulus, 2002.

_____. *Os desafios da cidade no século XXI*. São Paulo: Paulus, 2002.

_____. *Pastoral Urbana;* o dinamismo na evangelização. 3. ed. Petrópolis: Vozes, 2002.

_____. *Teologia da cidade*. São Paulo: Paulus, 1991.

_____. *Vocação para liberdade*. São Paulo: Paulus, 1998.

COUTO, Márcio A.; BATAGIN, Sônia (org.). *Novo milênio;* perspectivas, debates, sugestões. São Paulo: Paulinas, 1997.

DAMATTA, Roberto. *A casa e a rua;* espaço, cidadania, mulher e morte no Brasil. Rio de Janeiro: Rocco, 1997.

DARIVA, Noemi (org.). *Comunicação social na Igreja;* documentos fundamentais. São Paulo: Paulinas, 2003.

DUSSEL, Enrique. *História da Igreja latino-americana (1930-1985).* São Paulo: Paulus, 1989.

FAUS, José Ignácio González. *Nenhum bispo imposto.* São Paulo: Paulus, 1996.

GALVÃO, Antonio M. *Evangelização e marketing;* a ciência da administração a serviço da Boa Notícia. Aparecida: Santuário, 2011.

GASQUES, Jerônimo. *Diaconia do acolhimento:* desafio à liturgia e à pastoral na cidade. São Paulo: Paulus, 1996.

GASPARETTO, Paulo Roque. *Midiatização da religião;* processos midiáticos e a construção de novas comunidades de pertencimento. São Paulo: Paulinas, 2011.

GAUCI, Lourenço. O fenômeno urbano e a evangelização: desenvolvimento e consequências na prática pastoral. Tese de doutorado apresentada na Pontifícia Faculdade de Teologia Nossa Senhora da Assunção. São Paulo, junho de 1999.

GENDRIN, Bernard. *Igreja e sociedade;* comunicação possível? São Paulo: Paulinas,1998.

GIUSTINA, Elias Della. *A paróquia renovada:* participação do conselho de pastoral paroquial. São Paulo: Paulus, 1986.

GOMES, Pedro Gilberto. *Da Igreja Eletrônica à sociedade em midiatização.* São Paulo: Paulinas, 2010.

GREGORY, Affonso Fellipe (org.). *A paróquia ontem, hoje e amanhã.* Petrópolis: Vozes, 1967.

KATER FILHO, Antonio Miguel. *O marketing aplicado a Igreja Católica.* São Paulo: Loyola, 1999.

KREUTZ, Ivo José. *A paróquia:* lugar privilegiado da Pastoral da Igreja. São Paulo: Loyola, 1989.

KRIEGER, Murilo. *Anunciai a Boa-Nova;* os meios de comunicação a serviço da Igreja. Cachoeira Paulista: Canção Nova, 2007.

LAPENTA, Victor Hugo. *A TV de Nossa Senhora Aparecida;* uma breve história. Aparecida: Santuário, 2005.

LIBANIO, João Batista. *As lógicas da cidade*; o impacto sobre a fé e sob o impacto da fé. São Paulo: Loyola, 2001.

_____. *Cenários de Igreja*. São Paulo: Loyola, 2000.

_____. *Igreja contemporânea*; encontro com a modernidade. São Paulo: Loyola, 2002.

MARCONDES FILHO, Ciro. *Para entender a comunicação*; contatos antecipados com a nova teoria. São Paulo: Paulus, 2008.

_____. *Superciber*; a civilização místico-tecnológica do século 21. São Paulo: Paulus, 2009.

MUMFORD, Lewis. *A cidade na história, suas origens, transformações e perspectivas*. São Paulo: Martins Fontes, 1982.

OLIVEIRA, José Fernandes de. *Dos púlpitos para as antenas*; a difícil transição. São Paulo: Paulinas, 2007.

OLIVEIRA, Miguel. *As paróquias rurais portuguesas*; sua origem e formação. Lisboa: União Gráfica, 1950.

PASSOS, João Décio. *Teogonias urbanas*: o *re*-nascimento dos velhos deuses. Tese de doutorado apresentada na Pontifícia Universidade Católica de São Paulo. São Paulo, 2001.

PINHEIRO, Ernani et al. *Pastoral Urbana*. São Paulo, Paulus, 1980.

ROLNIK, Raquel. *O que é a cidade*. São Paulo: Brasiliense, 1988.

RUBIO, Alfonso García. *Unidade na pluralidade*: o ser humano à luz da fé e da reflexão cristãs. São Paulo: Paulus, 2002.

SANTOS, Milton. *A urbanização brasileira*. São Paulo: Hucitec, 1993.

_____. *A urbanização desigual*; a especificidade do fenômeno urbano em países subdesenvolvidos. Petrópolis: Vozes, 1980.

SARTORI, Luís Maria. *Igreja particular e Pastoral Ambiental*. Petrópolis: Vozes, 1973.

SILVA, Maria das Graças e. *A Igreja e a evangelização pela TV*; como preparar programas de TV. São Paulo: Paulinas, 1991.

SILVA, Rafael Vieira. *De Babel a Pentecostes*; um itinerário ético para a informação planetária. Aparecida: Santuário, 1999.

SOUZA, Lindolfo Alexandre de. *Marketing católico e a crítica profética*: desafios à ação evangelizadora. Aparecida: Santuário, 2011.

SOARES, Afonso M. L.; PASSOS, João Décio (org.). *A fé na metrópole;* desafios e olhares múltiplos. São Paulo: Paulinas, 2011.

TEIXEIRA, Faustino. *Catolicismo plural:* dinâmicas contemporâneas. Petrópolis: Vozes, 2005.

TORRES-LONDOÑO, Fernando (org.). *Paróquia e comunidade no Brasil;* perspectiva histórica. São Paulo: Paulus, 1997.

VV. AA. *Igreja Particular.* São Paulo: Loyola, 1974.

VELHO, Otávio Guilherme (org.). *O fenômeno urbano.* Rio de Janeiro: Guanabara, 1987.

ZOLIN, Lúcia Inês Ugoski Volcan. *A comunicação na perspectiva da Igreja Católica.* Pelotas: RCC Brasil, Pelotas, 2010.

Artigos de revistas

AGOSTINI, Nilo. Evangelização na Igreja do Brasil (a vitalidade pós--Vaticano II). *Vida Pastoral* 158, São Paulo: Paulus, ano 32, p. 13-18, maio/jun. 1991.

ALMEIDA, Antonio José. Doze teses sobre a Nova Evangelização. *Revista Eclesiástica Brasileira (REB)* 222, Petrópolis: Vozes, ano 56, p. 398-410, jun. 1993.

AMADO, Wolmir. Preparação das *Diretrizes Gerais da Ação Pastoral da Igreja no Brasil (1991-1994). REB* 200, Petrópolis: Vozes, ano 50, p. 955-963, dez. 1990.

ANDRADE, Djalma Rodrigues de. Uma comunidade paroquial urbana. *Atualidade Teológica* 10, Rio de Janeiro: PUC (Departamento de Teologia), ano 6, p. 97-107, jan./abr. 2002.

ANDRADE, Paulo Fernando. A condição pós-moderna como desafio à pastoral popular. *REB* 209, Petrópolis: Vozes, ano 53, p. 99-113, mar. 1993.

ANTONIAZZI, Alberto. As religiões no Brasil segundo o censo 2000. *Magis* 1, Rio de Janeiro: Loyola, p. 85-109, ago. 2002.

_____. Novidades nas *Diretrizes Gerais da Ação Evangelizadora da Igreja no Brasil (1995-1998). Vida Pastoral* 184, São Paulo: Paulus, ano 36, p. 2-8, set./out. 1995.

ARAÚJO, Marlson Assis de. Os ambientes midiáticos produzidos pelo catolicismo na televisão. *Lumen et Virtus*, v. II, n. 4, maio 2011.

BINGEMER, Maria Clara L. Reapropriar-se da cidade: uma tarefa para a Igreja Católica. *Magis* 1, Rio de Janeiro: Loyola, p. 61-82, ago. 2002.

BLANK, Renold. Desafios da evangelização num mundo eletronizado e urbano. *Vida Pastoral* 159, São Paulo: Paulus, ano 32, p. 9-12, jul./ago. 1991.

BOFF, Clodovis. Para onde irá a Igreja da América Latina? *REB* 198, Petrópolis: Vozes, ano 52, p. 275-286, 1992.

BRASIL, Honório Rito de Leão. Os 500 anos de evangelização na América Latina e seus desafios hoje. *REB* 206, Petrópolis: Vozes, ano 52, p. 317-343, jun. 1992.

CANSI, Bernardo. Imagens de Cristo nas *Diretrizes Gerais da Ação Evangelizadora da Igreja no Brasil (1995-1998)* e as novas práticas. *REB* 224, Petrópolis: Vozes, ano 56, p. 875-902, dez. 1996.

FERRARO, Benedito. Pastoral Urbana hoje. *Vida Pastoral* 153, São Paulo: Paulus, ano 31, p. 2-12, jul./ago. 1990.

FREITAS, Maria Carmelita de. A Igreja do Brasil rumo ao Novo Milênio. *Perspectiva Teológica* 77, Belo Horizonte: Centro de Estudos Superiores da Companhia de Jesus/Loyola, ano 29, p. 13-31, jan./abr. 1997.

GONÇALVES, Alfredo J. Migração e fé nas cidades brasileiras: desafios pastorais. *Espaços*, São Paulo: Instituto São Paulo de Estudos Superiores, ano 19/1, p. 25-45, 2011.

HACKMANN, Geraldo Luiz Borges. Por uma paróquia como comunidade evangelizadora e missionária. *Teocomunicação* 111, Porto Alegre: PUCRS, v. 26, p. 3-15, mar. 1996.

IANNI, Octavio. A cidade global. *Revista de Cultura Vozes* 2, Petrópolis: Vozes, ano 88, p. 25-39, mar./abr. 1994.

KLOPPENBURG, Boaventura. A paróquia no novo Direito Canônico. *Atualização* 183, Belo Horizonte: O Lutador, v. 16, 1985.

KÖNIG, Augusto. Paróquia, mundo urbano e comunidade. *REB* 213, Petrópolis: Vozes, ano 54, p. 151-160, mar. 1994.

LEMOS, Amália Inês Geraiges de. A questão urbana: pensando a metrópole paulistana do século XXI. *Revista de Cultura Teológica* 36, São Paulo: Pontifícia Universidade de Teologia Nossa Senhora da Assunção/Paulinas, ano 9, p. 113-124, jul./set. 2001.

MEDEIROS, Kátia Maria et al. Desafios do Catolicismo na cidade: pesquisa em regiões metropolitanas. *Magis* 1, Rio de Janeiro: Loyola, p. 31-48, ago. 2002.

OLIVEIRA, Pedro A. R. de. Igreja e modernidade: o caminho das CEBs. *REB* 208, Petrópolis: Vozes, ano 52, p. 814-820, dez. 1992.

ORSI, João Carlos. O conceito de quase-paróquia. *Revista de Cultura Teológica* 42, São Paulo: Pontifícia Universidade de Teologia Nossa Senhora da Assunção/Paulinas, ano 11, p. 51-59, jan./mar. 2003.

QUEIROGA, Gervásio Fernando de. Paróquia territorial ou opcional? *Direito e Pastoral* 6, Rio de Janeiro: Instituto Superior de Direito Canônico, p. 71-73, out. 1987.

STRINGHINI, Pedro Luiz. O Reino de Deus é dos pobres (perspectivas para Santo Domingo). *Vida Pastoral* 165, São Paulo: Paulus, ano 32, p. 15-22, jul./ago.1992.

TEIXEIRA, Nereu de Castro. Comunicação social na Pastoral Urbana. *REB* 213, Petrópolis: Vozes, ano 54, p. 163-171, mar. 1994.

Documentos eclesiais

CELAM. *Conclusões da Conferência de Medellín (1968)*. 5. ed. São Paulo: Paulinas, 1984.

_____. *Conclusões da Conferência de Puebla (1979)*. São Paulo: Paulinas, 1979.

_____. *Documento de Aparecida (2007)*. São Paulo: Paulinas, 2007.

_____. *Conclusões de Santo Domingo (1992)*. São Paulo: Paulinas, 1992.

CNBB. *A comunicação na vida e missão da Igreja no Brasil*. Brasília: Ed. CNBB, 2011. Coleção Estudos da CNBB n. 101.

_____. *Assembleia eletrônica litúrgica*. São Paulo: Paulus, 1987. Coleção Estudos da CNBB n. 48.

_____. *Diretrizes gerais da ação evangelizadora na Igreja do Brasil (1995-1998).* São Paulo: Paulinas, 1995. Coleção Documentos da CNBB n. 54.

_____. *Diretrizes gerais da ação evangelizadora da Igreja no Brasil (1999-2002).* São Paulo: Paulinas, 1999. Coleção Documentos da CNBB n. 61.

_____. *Liturgia de rádio e televisão.* São Paulo: Paulus, 1982. Coleção Estudos da CNBB n. 33.

_____. *Missa de televisão.* São Paulo: Paulus, 1994. Coleção Estudos da CNBB n. 70.

_____. *Projeto Rumo ao Novo Milênio.* São Paulo: Paulinas, 1996. Coleção Documentos da CNBB n. 56.

Encíclica *"Evangelii Nuntiandi"* (1975). São Paulo: Loyola, 1976.

Encíclica *"Redemptoris Missio"* (1990). São Paulo: Loyola, 1991.

VATICANO II. *Compêndio Vaticano II.* 29. ed. Petrópolis: Vozes, 2000. Constituição dogmática *Lumen Gentium*; constituição pastoral *Gaudium et Spes*; constituição pastoral *Inter Mirifica*.

Impresso na gráfica da
Pia Sociedade Filhas de São Paulo
Via Raposo Tavares, km 19,145
05577-300 - São Paulo, SP - Brasil - 2013